后浪

重庆语文

蜂窝煤◎图/文

四川美术出版社

图书在版编目（CIP）数据

重庆语文 / 蜂窝煤图、文. -- 成都：四川美术出版社, 2021.6
ISBN 978-7-5410-9721-8

Ⅰ.①重… Ⅱ.①蜂… Ⅲ.①西南官话—方言研究—重庆 Ⅳ.①H172.3

中国版本图书馆CIP数据核字(2021)第072237号

重庆语文
CHONGQING YUWEN

蜂窝煤 图/文

选题策划	银杏树下	出版统筹	吴兴元
编辑统筹	梅天明	责任编辑	田倩宇
特约编辑	王晨泽	责任校对	袁一帆　张　妍
营销推广	ONEBOOK	装帧制造	墨白空间·李国圣
出版发行	四川美术出版社		

（成都市锦江区金石路239 号 邮编：610023）

成品尺寸	170mm×215mm
印　　张	13
字　　数	146千字
图　　幅	94幅
印　　刷	天津图文方嘉印刷有限公司
版　　次	2021年6月第1版
印　　次	2021年6月第1次印刷
书　　号	ISBN 978-7-5410-9721-8
定　　价	68.00 元

读者服务：reader@hinabook.com 188-1142-1266
投稿服务：onebook@hinabook.com 133-6631-2326
直销服务：buy@hinabook.com 133-6657-3072
网上订购：https://hinabook.tmall.com/（天猫官方直营店）

扫描上方二维码，即可免费领取《重庆语文》
方言版有声书，享终身畅听福利。

序

这个绘本是为小煤球或者小桃子编写的。

这实际上是本教材，重庆话教材。因为我担心，如果将来我们定居上海，当有一天，我们有了小煤球或者小桃子，那这孩子所面临的语言环境将非常不纯粹。

普通话是肯定要学的，但普通话是书面官话，无盐无味，完全不能替代重庆话，也比不上方言俚语的生命力与个性。

上海话不用我们教，他（她）去幼儿园混半年自己就会说了。

但母语怎么办？身边的重庆人，估计就我和桃子两个，完全没有大环境的熏陶，连单词量的积累都成问题，还要把重庆话、四川话用到融会贯通，估计就更没希望了。

回家来，跟父母沟通，是学习的一方面（在家必须用母语，否则不给饭吃）。

但那只是口语使用，理论上的教育，没有语境，就要通过书本来传输。所以我想到了这个办法，尝试挑选重庆话、四川话里一些重要的词句，配上插图及说明，让小孩子有兴趣地去咀嚼，同时悟透这些语言背后的意义。参透了，才可能做到脱口而出。

而且，离开家乡六年，很多言子儿①我和桃子也渐渐越用越少，所以有必要一一整理记录下来，也算是自己的一次复习。

这是一个宝藏，那些散发着老荫茶香、黄桷兰香的方言啊，其中的智慧和诙谐让人莞尔，背后所关联的记忆让人梦回童年，怎可以淡忘？

---

① 专指重庆话里的土语、俚语、俗语。

目录 ○

重庆脾气

第一课原本应该从简单的具象的词句开始，但作为一个重庆人，什么词都可以含糊掉，只有一个词必须认真领会，必须铭记在心，因为这个词浓缩了重庆精神之精髓，不能领悟就不算是重庆人。这个词叫作"不存在"。

　　先举个使用范例：

　　有一天晚上打麻将，我输干了，最后还欠对家刘二娃八十块。厚起脸皮跟刘二娃说："先欠起，后天还给你要得不？"刘二娃说："要得。"拖了几天，直到一个星期后，终于有稿费到账，赶紧兑了，找到刘二娃："二娃，勒^①，把那天的

bu cun zai
不存在

钱还给你。拖楞个^②久，真是不好意思。"刘二娃把钱接过，数都不数，说："不存在！！"

刘二娃所说的"不存在"，完整的意思就是——别说什么不好意思，你没什么好愧疚的，这个愧疚是"不存在"的；同时，我是一点儿没在意你拖欠债务的，这个在意也是"不存在"的。

这就是在重庆人的意识形态里普遍存在的"不存在"精神，一种奔放大度、想得开、不计较、吃得亏的洒脱心态，追求一个心无芥蒂、无怨恨、无郁闷、无内伤的淡定心境。

说这几个字的时候，"存"字稍微拖长，语气要轻描淡写，最好配合一个动作——吸一口烟，随"不存在"三个字，淡淡然吐出一口，同时手掌轻轻从烟雾间挥过，让烟雾一瞬间消散得无影无踪，以此象征双方的过节瓜葛已经化为过眼云烟，不复存在。

我很喜欢这个词，我想重庆人都很喜欢，所以常常在用，用得洒脱，用得轻快，用得让人如沐春风。用在小处，小事化了，别人宽心，自己舒心；用在大处，大人大量，化距离为亲近，化干戈为玉帛。

比如历史上就有个经典的范例。廉颇背了荆条跪到蔺相如家门口，"大人，老夫惭愧啊！"蔺相如淡淡然吐出一口烟，同时手掌轻轻从烟雾间挥过，说："不存在！"

※ 友情提示：鉴于重庆话的读音与普通话出入较大，因此，本书标注的拼音并非规范的汉语拼音。
① 勒：这。　　② 楞个：这么。

——还记得吗？十年前你有一个背包留在我这里。

——背包？哪百年的事哦？

——还记得吗？昨晚你欠我一个吻。

——一个吻？哪百年的事哦？

当一个人决定忘记或者否定某段旧感情的时候，
即使是近在去年前夜，
他也会单方面地把这段时间拉长拉长，
让那段感情变成难以考证的远古遗迹，
long long ago①有多long？
百年以上，千年以前。
时间在这时变成一个距离单位，
十年，就是十个光年那么遥远，
即使你手握一只月光宝盒，
在约定的那棵老树下苦苦等待，
但时光如梭，须臾百年，
你又何苦刻舟以求，守株以待？

哪百年
la bei lian

---

① long long ago：很久很久以前。

bu bai lao
不摆了

难以形容就是最好的形容。"不摆了"就是这个意思。

四川话里，"摆"大意就是"说"。比如"摆龙门阵"①"摆条"②。

而当你觉得某件东西"好得没法说了""好得难以形容了"，你就可以感叹："不摆了!"

比如你吃到一碗极品小面，那恰到好处的麻辣鲜香，如电流般通过舌头，一瞬间，你百感交集，飘飘欲仙，仿佛找回初恋的感觉。这时候，你就应该对着天空大喊一声："不摆了！！！"

再比如你碰到一个极品美女，脸貌儿③是你最喜欢的九个女明星的最优组合，身材堪比林志玲，而且她还含情脉脉对你来个奥黛丽·赫本的微笑。这时候，你也应该强忍住鼻血在心头暗喝一声："不摆了！！！"

"不摆了"三个字必须一气呵成方才尽兴。

话说从前有个皇帝，半个月吃不下饭，御厨都被杀光了，他的胃口还是没被打开。请来个民间食神，倾尽毕生功力，做了碗黯然销魂面，呈上。皇帝动动筷子，夹了一根，放进嘴里。群臣战战兢兢问道："皇上，味道咋样？"皇帝脸色一变，摇着脑壳说："不、不、不……"话还没完，喀嚓，食神脑袋落地。皇帝继续说道："不……摆了！！！"

---

①摆龙门阵：讲故事，谈天。　②摆条：闲谈。　③脸貌儿：模样。

扭倒费 liu dao fei

1987 年，一个瑞典小青年出现在中国乒乓球队的视野里，那年他拿了亚军，接过奖杯的时候，他向蔡振华哥哥投去一个眼神，蔡振华心头一凛，天啊，那是多么坚决而又缠绵的眼神啊！

1989 年第 40 届世乒赛，江嘉良、陈龙灿被这个瑞典小青年干掉，成全了他的第一枚世乒赛金牌；1990 年，面对江嘉良、蔡振华等竞技状态已经衰退的老友，王浩、马文革等尚未成熟的小将，巅峰时刻的他轻松夺冠；1992 年刘国梁直拍横打把这位瑞典大哥哥砍于马下，他微微一笑，留下的还是那个眼神；1993 年他面对王浩、马文革、王涛鏖战数盘，含恨而退，小将长大成人；1995 年削球手丁松将他严重削伤，有人感叹他已经老了，他不说话；1997 年已成为大叔的他在一片惊叹声中再度登场，精神抖擞如十年以前，从未败给他的刘国梁被他一拍打死；1999 年刘国梁成为世界乒坛大满贯选手，但第一个大满贯的称号早已被他拿去；2000 年坚持练习并习惯大球的他，将不能习惯大球的刘国梁打到了教练席。

2001 年，2002 年，2003 年，2004 年。

蔡振华哥哥坐在教练席上，端详着这个活跃了二十年的熟悉身影，终于明白了 1987 年那个眼神的意义 —— 中国队，不管我是小瓦还是大瓦还是老瓦①，我就要跟你们扭倒费②！

在老瓦您终于淡出的今天，我们向您深深鞠躬，是您让我们明白了，扭倒费是一种不折不挠的伟大精神，是将一切进行到底的无敌信念！

---

①老瓦：瑞典著名乒乓球运动员瓦尔德内尔。　　②扭倒费：纠缠着什么东西或人不放之意。

jiao

口嚼

　　从小就知道说谁谁谁很嚼，但从来没细想过嚼该怎么写，是什么来历。直到开始画这本书，开始询问探讨咬文嚼字的时候，才得知原来这是一个连音字，原始的发音应该是桀骜，原始的写法应该是簝。现在无字可用，只好用"嚼"字来代替了。

　　多么有意思的古语口语化啊，而且连读起来，发音更是干脆，脱口而出，一如桀骜本身的意思。所以意义上就不用多解释了，桀骜不驯的孩子，乖张狷介的年轻人，被打成熊猫却绝不低头绝不软口绝不言降的犟拐拐[1]，都可以称为嚼！死嚼！

———————————

[1] 犟拐拐：倔强的人。

you yan bu jin
油盐不进

　　从前，有个四季豆小学，有很多四季豆报名进去，进去做什么呢？听话，听老师的话，听老师说话。

　　老师的话很多，老师的话也很少，翻来覆去就是那几句，总之就是教四季豆同学们如何做一个有盐有味有麻有辣的新人。不管是男四季豆还是女四季豆，最初大家都有点排斥老师的唠叨，毕竟从出生以后，读幼儿园以来，大家都是野生状态，又青翠，又结实，藤生蔓长，自由自在，为什么从现在起就一定要规矩得像盘菜呢？

　　老师却很有耐性，日复一日，像温开水一样轻言细语，把部分四季豆同学一直用水煮着；年复一年，用滚油一般的严责厉斥，把部分四季豆同学一直用油煎着。六年下来，尽管老师一直感叹，你们这些四季豆啊，总是油盐不进。但是，等到毕业的时候，几乎所有同学都变成了一盘色香味俱全的菜肴，被送回到他们父母的手里。一半是软塌塌再没弹性的清水四季豆，一半是干瘪瘪性格火暴的干煸四季豆。

13

"婆烦"两个字也是写出来才发现很形象很有趣。像婆婆一样在你耳边不停地婆婆妈妈地唠叨，你说烦不烦。

每次打电话回家，妈妈的谈兴都会随母性一起爆发，从工作谈到生活，从生活谈到健康，从健康谈到过马路，从过马路谈到加衣服，从加衣服谈到石榴花，从石榴花谈到公积金，从公积金谈到打麻将，从打麻将谈到火锅底料，从火锅底料谈到隔壁又生了个小崽崽你们俩的造人计划准备什么时候动工。

都是该交流的东西，多谈谈也无妨，但如果翻来覆去地谈到过马路加衣服晚上睡觉要关煤气电脑莫看久了维生素要天天吃等琐碎话题而且东绕西绕最后总是能落到造人计划，时间长了这可就挺不住了。悟空把电话拿到离耳朵半米以外的地方，心里暗暗告饶：求求你了，师父，你也太婆烦了！

当然，婆烦也可写成"颇烦"。

tian bang

天棒

重庆话里，称那些行事喜欢天一下地一下，做出些不知天高地厚、不知轻重利害的夸张行为的人为"天棒"。

比如，黄三娃有一天在嘉陵江游泳，游着游着心血来潮。哎呀，今天涨大水，江好宽哦，我试一下能不能游过去！旁人赶快劝他，不要命了！他才不管呢！埋头就往对岸游。江宽三千米。人们就感慨道：这个天棒！

在儿时的年代，天棒非常稀罕。但用当年的标准看今天，天棒则是层出不穷。比如钢笔老师摔断了腿，刚刚接好，就和铅笔老师一起剃个光头，跨上自行车，说，拜拜，我们去拉萨了。——天棒！阿花老师的老板是个烂人，但全公司没人敢说他是烂人，有一天阿花跳上桌子指着老板的头说，你——是——个——烂——人！——天棒！某局长的宝马撞了人，还要人家赔车，围观的群众集体毛了，把局长按倒，把宝马掀翻！——一群天棒！

其实人在年轻的时候，在还没经历过五指山的压迫，没经历过取经的磨难，没到最后得道成仙的境界之前，谁不是以为自己就是根金箍棒，可以上天下海，可以横扫千军，管你什么神仙老子，管你什么天规地道，我只服从我的天。

你可以感慨，孙猴子你太可怕了，你太夸张了，你太捣蛋了，你简直就是全宇宙最天的天棒。但谁能不怀念，谁能不喜欢，那一根年轻的天棒？

干燥 gan cao

　　有些人，尤其是年轻人，燃点很低，一碰到，一惹到，立刻就大发脾气，怒火街头，特别特别容易被引燃。

　　坐车坐船坐飞机的时候，要特别小心这类人。虽然过安检的时候，没查到他携带有任何易燃易爆品，但他本身，就是个易燃易爆品。碰到危险度低点的火柴型干燥人，售票员查他票的时候，可能都会被他几句横话，把面部烧个水泡。碰到棉纱型的干燥人，刹车时不小心挤到他一下，他可以持续燃烧一个小时直到把你烧成非洲同胞。如果碰到火炮儿型的干燥人，当心了，任何一点儿火星，哪怕是一个眼神，都可能把他引爆，一车一船一飞机的人，全部炸翻。

　　《喜剧之王》里面那个认为"《雷雨》就是讲义气"的小混混，就是属于特别特别干燥的典型。再想想看，其实干燥的人也有可爱的一面，因为，他们不含一丝水分。

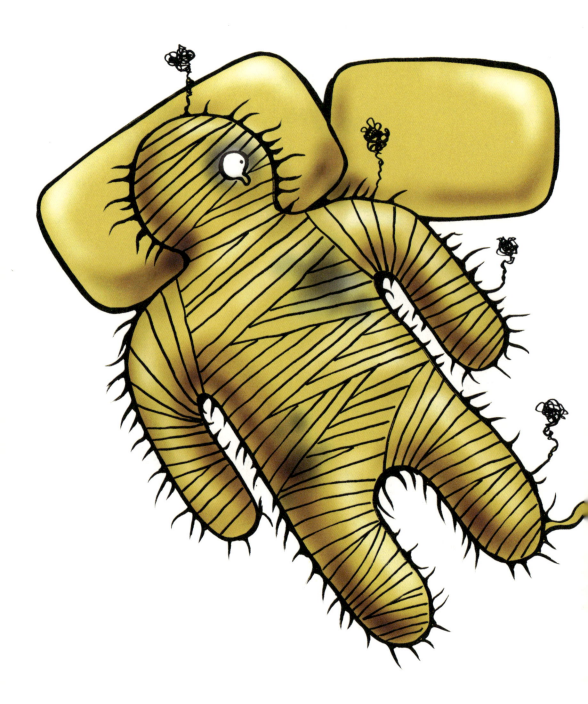

la bao
拉爆

"拉爆"在重庆话里是分手的意思，很好、很强大的一个词。

都说聚散随缘，好说好散，但只要是曾经动过真感情，曾经如胶似漆，到分手的时候，活活被一脚蹬开，谁也不可能以一颗平常心去面对，就像当初第一次来电，你在我心里丢下一颗泡腾片一般澎湃。现在忽然被告知其实我不适合你，离开我你会找到更爱你的人时，心头绝对是像被丢下一颗百万当量的原子弹，一瞬间满目疮痍，一片狼藉，胸腔部分严重内伤。即使表面上还是带着微笑祝你幸福。

当然，如果两人的关系本来就如两根雷管拴在一起一样，天天都在火拼谁的脾气大，而一旦分手，一旦拉开，那爆炸场面伤的更不止两个当事人。

所以，重庆的男女同学们在分手谈判的时候，都会穿上防爆盔甲。而旁观的同学们也请当心一点，站远一点，小心血溅到身上。

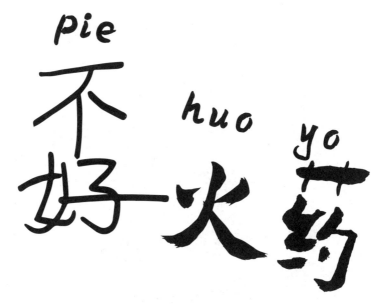

pie huo yo

不 好 火 药

"孬"在重庆话里读作"撇（四声）"，就是不好、差劲的意思。

重庆人火药味重，说话像放火炮儿，做事追求爆炸效果。

如果一个小伙子敢说铿锵话，敢做嚣张事，只要是在能容忍的范围内，大人们大多会很欣赏地评价：小崽儿好干燥！

"干燥"这样的词，哪里还是在形容人呢，已是把他当成一桶火药来看待了。

相对地，没脾气骨头软的孬种，就等于是受了潮不干燥的点不燃的火药，称为"孬火药"。

san

闪 se

色

zi

子

如果某个重庆人的染色体里没有"耿直"这段基因，那他就不算是重庆人。耿直就是说到做到，绝不拉稀摆带^①；说上就上，绝不临阵脱逃。什么动物最耿直？青蛙。刮它皮的时候它还会为你加油，说：刮！刮！而一些青蛙都不如的人，我们就叫他"色子娃儿"。在冲锋陷阵的关键时刻，他们总会把战友推到前面，自己闪到后面，这就叫"闪色子"。大多数人会认为闪色子是一个人的素质问题，或者是性格使然。但在1991年的一次校园斗殴事件上，我发现没这么简单。

那天，我们班的男生与初三一个班的男生，约在后校门的河边滩涂上打群架，双方各来了十五六个人，剑拔弩张，热血沸腾。见人到齐了，准备开打了，大家一起弯下腰来，从地上捡起两块大大的鹅石板（鹅卵石），握在手里，一场石器时代的部落角杀眼看就要血腥上演。这时，双方的两位老大先走出来，原以为他们要先互相问候一下母亲，壮壮士气，但出乎意料的是，两位老大竟然像是演出活动的主协办双方似的，低声商量着什么。一会儿，两位老大回头示意：今天，大家以肉搏为主，不许动用武器，手里的石头，都放回原地！所有同学呼地松了口气，没一个提出异议，都迅速地把石头丢回地上，如释重负一般，开始了安全而愉快的肉搏运动。

这是我第一次亲身经历的集体闪色子事件，很庆幸，大家一起头脑清醒地闪了次色子，试想当时如果就那样开战，五六斤一块的鹅石板满天飞，个子高的那几个同学，现在可能就见不到了。所以说，闪色子跟耿直一样，是存在于基因里的一种东西，是与生俱来的自我保护的原始本能，合理运用，不足为耻。

---

①拉稀摆带：怕事，遇事退缩。重庆话里有软蛋、熊包的意思。

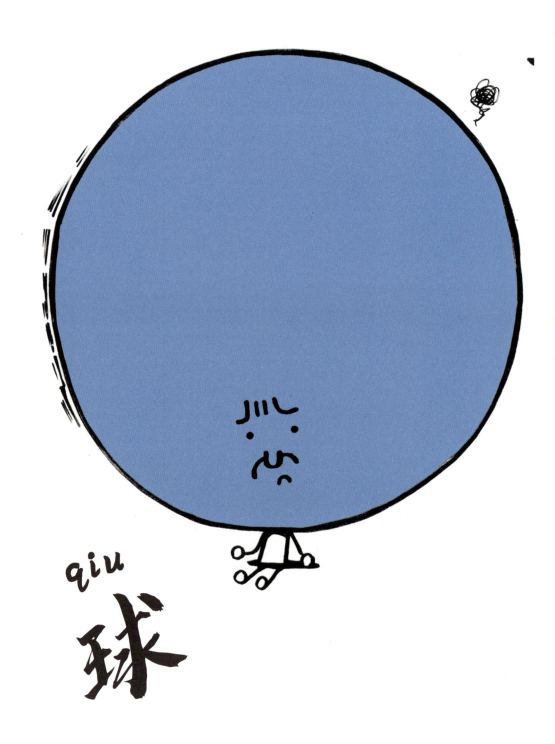

qiu
球

"球"①是一个语气助词，主要用于辅助表达烦躁不满的情绪。看一段范文就知道怎么用了：

"感冒了鼻子足球得很，但篮球得去医院，因为挂号要排球半天队，体温表又冰球得很，医生也水球得很。就不信医不了病，与其网球医院跑一趟，还不如手球在家好些，药开得多，抽抽头垒球不倒，如果住院，就没得自由了，乱跑还要遭桌球回切，万一开刀，就更麻烦了，人长得胖，别个台球不动！"

范文词句释意：

足球 —— 足，就是鼻塞的意思。

篮球 —— 懒得去医院（重庆话没有边音鼻音之分）。

排球 —— 排××半天队。

冰球 —— 非常非常冰。

水球 —— 医生非常水，不尽职，不专业。

网球 —— 往那破医院跑。

手球 —— 守在家里算了，算球了。

抽抽 —— 抽屉。

垒球 —— 垒、堆、叠到装不下了。

桌球 —— ×，被捉回去了（重庆话没有卷舌音）。

切 —— 去。

别个 —— 别人。

台球 —— 怎么抬都抬不动。

"球"是圆的，应用方式很丰富，虽然我们也很爱好运动，但为了响应"讲文明，树新风"的号召，这个"球"我们还是应该尽量少挂在嘴边。

---

①球：因为本字是一个很"脏"的字，所以弃之不用，用"球"。

ga 嘎

在重庆，经常会在某人说完一句话的结尾，忽然听到一声鸭子叫——嘎！

——今天好热哦！嘎！

——他长得有点像周杰伦哦。嘎！

——我们耍得最好了。嘎！

"嘎"是什么意思呢？用英文句子来解释最方便。

—— It's hot, isn't it?

—— He looks like Jay, doesn't he?

—— We are the best friends, aren't we?

这里的isn't it，doesn't he，aren't we，就是"嘎"的意思，就是所谓的否定式反问。

所以说在重庆，当英文课讲到上面这个语法点时，老师很容易举出例子，我们也是一点就通了，嘎！

"嘎"是一个连音字，完整版是"该是哈"，说快了就浓缩成"嘎"一个单音了。

er huo li
儿哄你

这个词语常在探讨一件事的真实性时用到。请注意，重庆人在使用"哄"字时，读"豁"。

——是不是真的哦？

——绝对是真的！儿哄你！

"儿哄你"是个缩略句，并不是"儿子在哄你"的意思。

——绝对是真的！儿子在哄你！——莫名其妙。

"儿哄你"也可以说成"我儿哄你"。

——绝对是真的！我儿子在哄你！——还是没逻辑。

再填充完整点，"我儿哄你"其实是"哄你我是你儿"的倒装。

——绝对是真的！哄你我是你儿子！——终于对头了。

总之，"儿哄你"在重庆话里常用在一个结论的结尾，拍着胸脯为自己所说的话打包票。中学里有个爱吹牛的同学，常有奇谈怪论发表。有一次我们在讨论隐形飞机是如何隐形的，他说，他见过，飞机是完全看不到的，透明的，只能看到一个飞行员坐在空中。言之凿凿，胸口都拍乌了。听他说了六年的儿哄你，儿哄你，大家在辈分上占他便宜也占够了，只希望多年以后再相见时，他的鼻子不要像匹诺曹一样畸形。

xiong qie
雄起

　　"雄起"这个词到底是起源于重庆还是成都，一直都在争论。撇开足球场上的"雄起"不谈，我的确是从小就经常听到"雄起"这个词。

　　最常听到的地方是在街头，重庆脾气火暴的人多，常常有街头霸王大战爆发，百人围观。围观的人当然希望这场PK①越火爆越好，所以少有劝架，全是鼓励的声音。弄②！弄死！踩扁！虽然两位都堪称街头霸王，但就像《街头霸王》游戏里的十来位角色一样，重量级和实力上总有差别。比如当一个红龙级别的肌肉人跟一个春丽身材的人PK，春丽一定很吃亏，处于劣势，也许被打得连招架之力都没有。于是围观群众就特别偏向春丽，帮她扎起③，鼓励她：雄起！雄起！像雄性动物一样挺起胸膛，抬起头，不要畏惧对手的强大，不要屈服，不要闪色子，跟红龙拼了！同理，当红龙跟俄罗斯PK的时候，大家会为红龙喊雄起。当初中生与高中生PK时，大家会为初中生喊雄起。当汤姆与杰瑞PK时，大家会为杰瑞喊雄起。

　　在我印象里，"雄起"这个词是为弱势一方、雌伏一方呐喊的，Hello Kitty④发起威来，那可就是母老虎啊！但如果你已经够厉害够自信了，还何必雄起呢，直接将对方踩扁就好了。鼓励你雄起只因为你雄风还不够。所以当在任何情况下都为自己和球队喊雄起的时候，总觉得这个词没用对地方，有点怪。

────────────

①PK：对决。　　②弄：整的意思，可以是打、踢等等。
③扎起：有站脚助威、捧场的意思。　　④Hello Kitty：日本卡通人物。

藤原拓海说自己是全亚洲飙车最快的人，浦东的公交车司机笑了。

浦东的公交车司机说自己是全中国开车最野的人，武汉的公交车司机笑了。

武汉的公交车司机说自己是全中国最疯狂的司机，重庆的公交车司机笑了。

全国最难考的驾照是重庆的A照，因为随便一条公车线路都可能需要征服七座八座的秋名山。以施家梁到北碚路段为例，10公里58个弯道。再看煤炭疗养院到北温泉路段，8公里66个发夹弯，整体落差200米，一侧是50米高悬崖，崖下是滔滔嘉陵江。而这两个路段开得最快的车恰恰就是公交车，太熟了，一天七八趟。

这里从来没有公交车掉下嘉陵江的事发生，所以我们尽管知道司机叔叔只把我们当成他运载的豆腐，但我们从来不觉得害怕。一边和司机叔叔聊着天，一边欣赏窗外向后快进的小三峡风光，是少年时代最快意的事情。

有一次，浦东公交车司机和武汉公交车司机到重庆来观摩学习，亲眼看到一列车队运载着一坨坨尖叫的豆腐漂移来漂移去在山道上忽隐忽现的景象，他们崩溃了，他们努力在肚子里寻找一个足以形容这一切的词语，但就是找不到。

这时，旁边的公交车队长对他们说了：这，叫作猫杀！在重庆，要想成为一个合格的司机，要想掌握公交车漂移的诀窍，记住两个字：猫杀！

ba dao 霸道

　　小学六年级的一篇作文里，我写了这么一句："胡雅亮同学每次考试都拿一百分，太霸道了！我要向他学习！"余老师跟我说，作文里是不能用"霸道"这个词的。我问，为什么呢？余老师说，这是重庆话，不是普通话，我们要习惯用普通话写作文。

　　"霸道"在重庆不是横行霸道，而是厉害的意思，在北京叫"牛×"，在上海叫"结棍"。

　　而现在，我的作文不用再被余老师批改了，我终于拥有了霸道的话语权：

　　"我住的小镇从不下雪，但在冬天最冷的几天，海拔800米的缙云山顶会变白，景象非常之霸道。缙云山下是北温泉，泡在蒸汽腾腾的温泉里，欣赏白雪皑皑的山顶，感觉霸道惨了。上山去，路上都结冰了，很滑，但司机叔叔还是开得飞快，太霸道了！山上全是雪，我们堆雪人，打雪仗，还有很多人把雪装在塑料袋里，准备带下山去化在泡菜坛子里，他们说，雪水泡出来的泡菜，味道才霸道。下山的时候，大人们在车头上堆了一个雪人，开在大街上，人人都回头看，好霸道哦！"

　　包子是白色的，早上七点，天色昏暗，包子在橘红色的灯光下发亮。包子白白胖胖的，像一个个小小婴儿躺在蒸笼里。

　　蒸笼掀开的时候，白色蒸汽涌上四米高的天花板，再贴着天花板绕着九只湿漉漉的吊扇蔓延消失。

　　随着白色蒸汽腾空而起，总会听到一声小小的集体的欢呼，准确点应该用四川话说，是一声"称欢"，就是带点暗自欢喜，小小满足那种。称欢声来自排队的人，排队的人很多，都刚起床，脸都饿凹了，肚子空得像个鼓，所以一看到白色蒸汽腾空而起，大家就很兴奋，就有人敲鼓，集体称欢。

称欢

cen huan

包子卖得很快，每隔三分钟，就有一只新的蒸笼被掀开。包子二毛五一个，雪白，温暖，柔软。男生一般买两个，女生买一个，先在手里捧一会儿，轻轻地捏啊捏，很舒服，尤其是在冬天，贴在冻疮上。如果破皮了，捏的时候，包子会吐气，很可爱。

包子很含蓄，白得很单纯，蒸笼打开的时候，扑面而来的热风里只闻得到新鲜面粉的味道，可是一旦咬开，一旦露了馅儿，一旦那馅儿碰到牙齿，一旦那肉汁儿轻轻烫了下舌尖，你又会一声"称欢"。

馅儿是肉臊做的，肥六瘦四，瘦丁儿深酱色，肥丁儿半透明，口感丰富，有酥有软，油而不腻，而且，非常非常香。为什么那么香，有同学说，因为那馅儿是用前一天的剩菜炒的。大家不信，因为一天里不可能有足够做三十笼包子的剩菜。

男生都是狼吞虎咽。怕胖的女生，会把肉挖出来，扔掉，或者送给男生，然后，只吃包子皮。包子皮的内层，因为浸透了肉馅的汁水，所以，同样是非常美味的。

如果有同学不小心，把烫手的包子掉到了地上，包子就会在地上翻滚，因为包子面皮的发酵程度控制得非常好，所以包子很有弹性。

包子一般会在地上翻三个跟斗，如果是下坡路，就会翻更多跟斗，直到撞到棵树，才会停下来。主人总是会去追，追到了就蹲在那里，看着灰扑扑的包子大声"称欢"。如果运气好，包子不太脏，主人会把它捧起来，把外面脏掉的表皮撕掉，一样可以吃。如果是摔得皮开肉绽，就没办法了，过路的同学就会停下来，非常同情地看着他和他的包子。

——2004 年的一个早上，我在上海，包子不在。

39

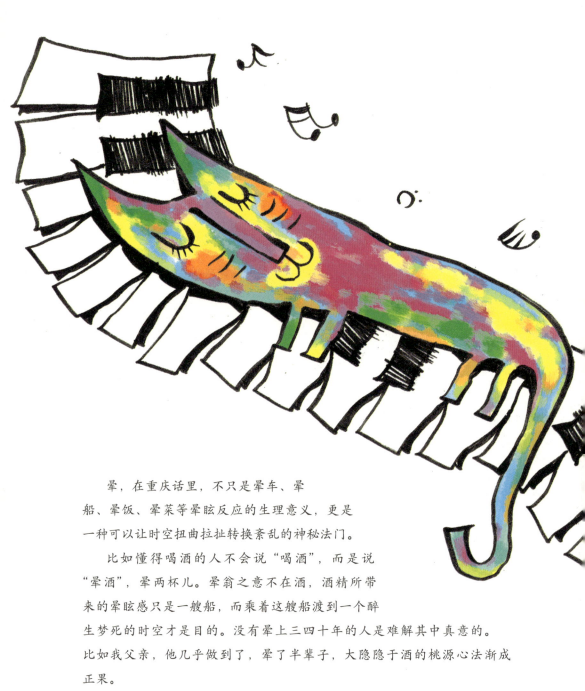

  晕，在重庆话里，不只是晕车、晕
船、晕饭、晕菜等晕眩反应的生理意义，更是
一种可以让时空扭曲拉扯转换紊乱的神秘法门。

  比如懂得喝酒的人不会说"喝酒"，而是说
"晕酒"，晕两杯儿。晕翁之意不在酒，酒精所带
来的晕眩感只是一艘船，而乘着这艘船渡到一个醉
生梦死的时空才是目的。没有晕上三四十年的人是难解其中真意的。
比如我父亲，他几乎做到了，晕了半辈子，大隐隐于酒的桃源心法渐成
正果。

我没有要调侃晕的意思，只是举了一个最浅显的例子，如醉酒一般酣畅，于世间某种观境找到一个频率相同的灵魂通道，然后把自己抽离现实沉醉于另一种时空找到新的体悟，晕的词性，取决于你晕进去的那个时空。

如果一个人全身心地沉迷于棋，以棋为酒来晕，那他一定会碰到属于自己的空石山，然后忘了世间岁月，晕进某一个神机谱、某一个神仙局里不愿自拔，再回头，已烂柯，时间因为"晕"而出现非等速的演进。

如果一个人觉得笔墨色彩甘醇如酒时刻都想浸"晕"其中，那他一定会碰到自己的塔希提岛，自己的三山三水，自己的印象笔触，自己的超现实梦境，无论是晕在其中一生还是一时，再落笔，一个非现实的空间因为"晕"而被挪移到现实世界。

如果一个人一接触瓷玩就有脊索通电的感觉，常年晕醉在其中，他一定有机会被前世曾遇见过的某一只秘色茶盏、某一朵雾里青花电到，然后穿越到彼时彼己。因为"晕"，时间缝隙为少数人开启。

如果一个人乐于如庄周一般去晕蝴蝶，如诺兰一般去晕陀螺，那他一定会晕进一个大梦里，梦见现实，现实见梦，思索物与我之无尽，思索物与我之无界。因为"晕"，时空在这一刻发生主客体的颠覆。

晕的力量，玄之又玄，妙不可言，哪怕是一只猫在钢琴上晕倒，也可能是时空悄悄为它转换，只是你不知道，它是晕在了巴赫的钢琴上，还是肖邦的钢琴上。

重庆名堂

小面、棒棒儿、丁丁猫儿

ding ding mao
丁丁猫儿^{er}

小荷才露尖尖角，丁丁猫儿立上头。

蜻蜓为什么要叫作丁丁猫儿呢？因为身材像个"丁"字，或者是因为眼睛像猫眼睛一样绿幽幽？不知道，反正很好听。

小时候家里养了一只猫，名字也叫丁丁猫儿。

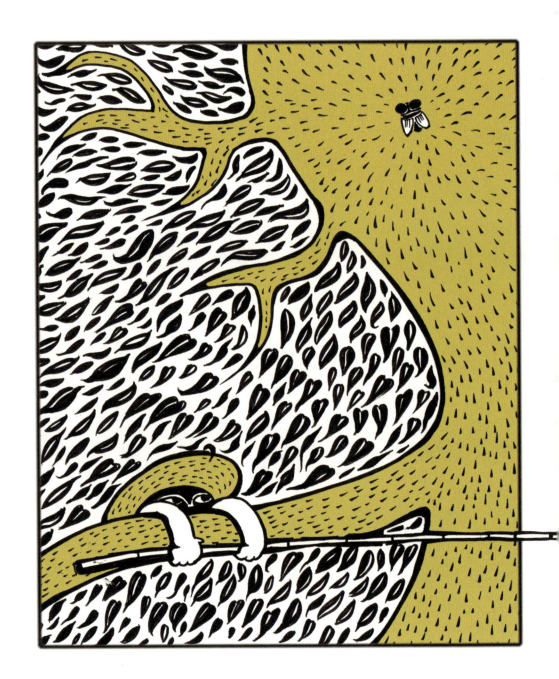

一步一步走过昨天我的孩子气，
我的孩子气给我勇气……
每天每天电视里贩卖新的玩具，
我的玩具是我的秘密，
自从那一天起，我自己做决定，
自从那一天起，不轻易接受谁的邀请，
自从那一天起，听我说的道理，
When I am after 17[①]……

after 17 铃啊子[②]破土而出，
铃啊子在地底蛰伏 17 年方见天日，
铃啊子选在最滚烫的季节燃烧它的 17 岁生日，
铃啊子after 17 只有三十天生命，
铃啊子要在三十天里完成它的余生，
铃啊子没有时间听陈绮贞的歌，
铃啊子拼命飞翔拼命振翅拼命恋爱拼命呐喊……
17 年的等待只为声嘶力竭把生命的音量开到最大。

在每一个夏天，
怀着对生命的感激，
聆听铃啊子的 after 17。

铃啊子

lin a zi

---

① When I am after 17：在我 17 岁之后。本段是歌手陈绮贞创作的歌曲《after 17》的歌词。
② 铃啊子：重庆方言中指蝉。——编者注

ze er gen

折耳根

折耳根是种重庆人饭桌上常备的野菜，又叫鱼腥草，学名蕺菜，土名猪屁股，味道很冲，犹如榴莲，爱之者百吃不厌，不吃难受，厌之者筷子绝不去碰一下。

最新鲜的折耳根长在田坎上。从前每次去给爷爷上坟回来，下了山，走在郊区的田坎上，婆婆都会弯着腰，细细搜索田坎边上新出头的折耳根。绿里透着紫红的新鲜叶子，汁水饱满的白嫩秆子，蹲下来，采回去，拌上油辣子海椒摆上桌子，再给爷爷摆双筷子摆杯白干儿，爷爷仿佛就坐在了身边。

后来婆婆也去了，葬在爷爷右边。有一天，一家人上坟回来，下了山，还是那条路，走在田坎上，妈妈弯着腰，低着头，忽然，她欣喜地叫道："看，新鲜的折耳根！"然后欢喜地蹲下去，采下来。我笑着看着妈妈，刚才在山上流过的眼泪，这时候又盈满眼眶。

que kuai er
缺块儿

法国人到重庆一定很开心，因为到处都可以吃到他们最喜欢的Grenouille。

青蛙在法国叫Grenouille，在重庆叫缺块儿。Grenouille和缺块儿都很可怜，一辈子被法国人的刀叉和重庆人的筷子追杀。在中国应该还有不少省份嗜吃青蛙，尽管人人从小都知道青蛙是益虫，但还是难以抵抗青蛙那双美腿的美味，一边大快朵颐一边骗自己说，现而今庄稼都有农药在保护了，青蛙就直接到达食物链尽头算了。小蝌蚪找妈妈，小蝌蚪永远都找不到自己的妈妈了。

不知道法国人是怎么吃Grenouille的，重庆一贯的缺块儿烹饪手法是配着丝瓜烧，外加红海椒青花椒。曾跟一个广州人讨论烧缺块儿的做法，广州人说他们不用丝瓜，用冬瓜。仔细想想，冬瓜虽然也吸油，但很容易煮烂，不如丝瓜，越煮韧性越强，丝瓜那滑溜溜的口感与缺块儿肌肉那结实紧密的质感相辅相成相得益彰。为什么这么多蔬菜不选，一定是丝瓜呢，说明这一完美搭配必然是经过实践检验得来的。肉和瓜都吃完了，最后再下一斤挂面在那红汤里，一人一碗连汤带面端掉，盆子见底，只留一桌子饱嗝。

尽管对捕杀青蛙的禁令从未取消过，但缺块儿还是到处都能吃到。不过大家都知道吃青蛙有愧于大自然，所以都忌讳直接点单说：来一份丝瓜烧缺块儿！而是用比较委婉的另一个名字：来一份运动员！在某些打击较严的地方，则用暗语：来一份娃哈哈！

ga   ga

嘎 嘎

嘎嘎是肉的昵称。小娃娃牙齿齐了，夹块回锅肉给他，来，吃嘎嘎。

桃子说，在幼儿园时期，最开心的事情就是看杀猪。春节前夕，幼儿园饲养场的猪儿出栏了，桃子和她的同学们就在老师的带领下，一人提一个小板凳，来到猪圈门口，一排排坐好。

八个伙食团师傅凶相毕露，协力将猪儿拖出来，按在杀猪凳上。猪儿叫，人儿跳，桃子和她的同学们一起捏紧小拳头高呼：王爷爷，加油！王爷爷，加油！

刽子手王爷爷抽出一把九尺大刀，对准猪脖子，哗啦一捅，整个世界都安静了。

桃子和同学们看着眼前那血腥的一幕，张大了嘴巴。那不是怕，是开心，开心到唱起歌来：排排坐，吃嘎嘎！排排坐，吃嘎嘎！

yu bai bai
鱼摆摆

　　一天，庄子和惠施二人外出散步，走到濠水的一座桥上。庄子看见一条条鱼在水里自由自在地游来游去，就说："你看，鱼多么快乐！"惠施回答说："你不是鱼，怎么知道鱼很快乐呢？"庄子说："你不是我，怎么知道我不知道鱼快乐？你看那鱼儿尾巴摆啊摆啊的样子，再不快乐的人，也会开心起来啊！我快乐，所以鱼快乐！"

　　鱼摆摆在重庆话里是鱼的昵称，明明是个动词，却被当作名词来用，就显得特别形象。一看到这个词，就想起这个庄子乐鱼的故事，脑海就游进来几条鱼儿，尾巴儿摆啊摆啊，怎不教人快乐？

ji ke 鲫壳儿 er

　　鲫壳儿就是鲫鱼，鲫鱼生命力特别顽强，爱跳，网起来在网里跳，放盆里在盆里跳，丢地上在地上跳，对这种不懈的挣扎，重庆人称为"精蹦"。

　　老年人也是这样，越老骨头越硬，越老越不服老。我爷爷在中风的前一天，还爬到屋顶上扫树叶，劝都劝不下来。而清晨的花园里操场上，上演得最多的，也是老人们挥舞宝剑、捶打树干等各种形式的与时间与生命不屈不挠的抗争。

　　于是有了句俗语："老头儿，老头儿，精蹦的鲫壳儿！"

cang ying er
苍蝇儿

在重庆，路边上装修简陋卫生条件差的小餐馆，大多没有招牌，于是统称为苍蝇儿馆子，苍蝇越多，味道越好。小时候常跟老汉儿①到处下馆子，全区没有我们没吃过的，苍蝇都认得人了，我们一进门，都争相让座。

上菜的时候，更是惊起一片，轻舞飞扬。老汉儿会功夫，有一次，又在跟我鬼吹他功夫了得。我就跟他说，苍蝇太多了，好烦哦，你可不可以像电影里的武林高手一样，用筷子把它们一个个全夹死啊？老汉儿停下筷子，想了想，说："算了，不卫生。"

guan zi
馆子

---

①老汉儿：父亲。

小面是重庆人的早饭，每个区，每个镇，每条街，每个旮旮角角①，都有。

小面从不在面馆饭馆里卖，街边越破的摊摊儿，越资格②。

小面很小碗，一口可以吃完，但没人舍得一口吃完。

小面很复杂，二两面，十八种配料。

第一批来吃小面的人，是进城卖菜的农民。早上六点，天还没亮，一堆堆的箩兜，五颜六色的番茄萝卜青椒白菜蒜苗南瓜鸡公鸭公，热热闹闹包围了小面摊。成群结队走了十多里地的农民，一边歇脚，一边等面下锅。

水还没开，蜂窝煤还没烧红，老板会说今天起晚了点，对不起，稍微等一下。农民点燃叶子烟，火星在黎明前的黑暗里闪烁。锅盖揭开，水汽升腾，如果谁的箩兜里正好有水灵灵的新鲜莴笋，老板就会说，抓两把叶子给我要得不？被选中的那位菜农就会很开心地说，要得！要得！

小面的配菜必须是用莴笋叶子，母鸡最喜欢吃的那种，如果没有莴笋叶子那特有的一点苦，就不能构成小面酸甜苦辣俱有的完美。

第二批来吃小面的人是学生。七点，天蒙蒙亮，大多数早上都有雾，你会隐约看到一群大大小小的书包，往小面摊集中。同学们睡眼惺忪地把头埋在面碗里，默默无声。而

吃完一碗后，则会听到他们哈呼哈呼地喘气，个个面红耳赤，睡意全无，放下妈妈给的一块五角钱，精神抖擞地向学校方向走去。小面很辣。

如果是在车站附近，当随车售票员那"北温泉！北温泉——搞快！搞快——"的狂吼声划破浓雾，会看到三五个哈呼哈呼面红耳赤的学生，横穿马路，狂奔而来，半根小面，意犹未尽地挂在嘴边，随风飘扬。

初一的时候，有一位父母是大学教授还知道谁是德彪西的同学告诉我们，吃面的时候不要把面条咬断，一定要有头有尾一根吃到底才斯文，否则就是哈农民③，没教养。但是，按照他说的方式来吃面，面条就不是面条了，是一根根剪不断理还乱的烦躁，一条条绵绵无尽的绝望。

于是，我去观察第三批来吃小面的人，他们中间有好多有教养的身穿白衬衣的上班族。记得当时我所看到的三位身穿白衬衣的上班族，面端上来，他们只呼呼吹了两口，就抢起筷子，张大嘴巴。我惊讶地发现，正如那位同学所说，他们酣畅淋漓呼唏呼唏，他们风卷残云嘿咻嘿咻，他们的确没有咬断面条，他们打坤吞④，他们真斯文！

小面只有重庆才有，但小面永远算不上是重庆特产。

小面从不会与口水鸡、回锅肉、麻辣火锅相媲美，但任何一个身在异乡的重庆人，一旦听到小面二字，定会瞬间失神，一股股强烈的思念，通过唾液腺喷薄而出。

小面普通得像老公的老婆，老婆的老公，不在身边了，才明白它是何其珍贵。

——2004年的一个早上，我在上海，老婆也在，小面不在。

---

①吞吞角角：相当于北方话里的犄角旮旯。　　②资格：正宗。
③哈农民：傻农民。　　④坤吞：囫囵吞下。

bang bang 棒棒 er 儿

重庆农民工有个特有工种——棒棒儿。棒棒儿的劳动工具就是肩上的一根木棒棒,主要担任挑夫的职责,帮人挑行李,抬重物,搬家具,挑菜,大多是下力的活儿。山城路难行,出门都是上坡下坎,要搬个东西,光是有车还不够,一定要棒棒儿来做帮手。

试想一下,如果《西游记》里没有了沙和尚,唐僧他们还能走完那么长的路吗?如果重庆没有了棒棒儿,重庆人怎能翻过那么多坡坡坎坎呢?重庆人真的应该给棒棒儿军们立一个碑,棒棒儿是他们的脊梁,让大多数人走得更轻松。

想想重庆本身,其实也曾经是一个沙和尚,跟在英明的师父——北京后面,跟在爱翻跟头的大师兄——上海后面,跟在吃吃喝喝的二师兄——广州后面,扛着中国纺织以及机械仪表、军工等重工业的重担,一步一个脚印走过来,不容易啊,还好,"西经"取到了,重庆大可以轻装上阵,如从前在流沙河里一般,翻起点大风大浪了。

guang tiao tiao er
光条条儿

　　一到夏天，火炉重庆就回到原始社会，男人们丢掉衣服，只穿一条短裤、一双拖鞋，袒胸露肚度过整个夏天。

　　裸体的上身就叫作光条条儿，或者光胴胴，或者光巴斗儿。

　　光条条儿们满街乱跑，嘴里都是对毒辣太阳的骂骂叨叨。

　　光条条儿们热得遭不住①了，就一起往阴凉坝②里跑。

　　阴凉坝里转眼挤满了人，光条条儿们就往游泳池跑。

　　游泳池里饺子翻腾，光条条儿们就往嘉陵江里跑。

　　嘉陵江里发大水，漂起几条水大棒。

　　光条条儿们想了想，哎呀，凉快的地方找不到，干脆试试以热攻热？

　　于是光条条儿们统统跑去火锅馆，扑通扑通跳进去，

　　吞下一团火，飙出一身汗，

　　风一吹，酒一冰。凉快！痛快！

　　哈哈！这才是最巴适③的解暑之道！

---

①遭不住：坚持不了，受不了。　　②阴凉坝：阴凉地儿。　　③巴适：舒适、好的意思。

yao ku er
摇裤儿

"今日最高温度 —— 穿摇裤儿！"

每次一想起这个用重庆普通话念出来的天气预报就想笑。

摇裤儿是人类的第一件服装，亚当在吃了苹果后发明的。重庆男人们把这一原始服装发扬光大，夏天里，摇裤儿是重庆男人们唯一的行头，是白花花的世界里五彩的风景线。一身上下只穿一条松垮垮的空心短裤，走起路来摇啊摇啊，摇到河边去歇凉，一股穿裆风吹过，凉快！

摇裤儿一般是指四角形的短裤，那样才能随风摇曳。如果变成三角形，贴在身上，名字就变成了"火摇裤儿"，因为很火很辣。

南方的冬天，没有暖气的冬天，取暖基本靠抖的冬天，童年手上长满冻疮的冬天。有一天，婆婆买回来一只老母鸡，胖乎乎的，毛茸茸的，暖乎乎的，寒风吹来，小鸡们一起钻到老母鸡的肚子底下，挤成一堆。温暖如春的老母鸡，张开翅膀，把小鸡们紧紧搂住，好热和①哦！

正在孵蛋期的母鸡，我们就叫她抱鸡母，儿时的厚棉鞋，温暖如鸡，于是有了这样的名字。南方的冬天，脚上暖和了全身也就暖和了，但更寒冷的北方的小朋友们该怎么办呢？后来知道了，不用担心，北方小朋友的取暖方式更高级，他们不仅有棉鞋，还有棉衣啊！

---

①热和：温暖、暖和。

fong de
风儿

　　重庆的风筝不会吟风歌唱，称作"筝"太阳春白雪。下里巴人的做法是，篾竹为骨，白纸为肉，最简单的"王"字结构，是天空中永远的主角，如一张张白色风帆，能把风兜起来飞起来就行，我们称为"风兜儿"。

　　那时候的港片里已经开始流行一个新词，每有摩托出现，就有帅哥甩起头盔上的玻璃：我带你去兜风！每有汽车出现，就有帅哥把车窗摇下来：走！兜风！游车河！我们也很帅，我们也憧憬驰骋的快感，可是没有摩托，也没有车河。于是风兜儿成为我们兜风的座驾。

　　嘉陵江的风，憋了一股子的劲，穿越秦岭的叠嶂，摆脱小三峡的纠缠，终于可以在白云石的河滩上肆无忌惮。我们抱起风兜儿，逆风奔跑，身体渐渐轻盈，风兜儿离地而起，一跃而上，我们轻轻踩在风兜儿的肩上，河滩慢慢变小。

　　江风如浪，一波一波冲击荡漾，小心地调整重心，保持着风兜儿的平衡，谁最能稳稳地踩在风尖上，谁就最能体验到兜风的快感。少年的心性，总是不满足视野能及的高度，更多的孩子，互相较着劲，在白鹭白鸽震惊的目光中，御风而行，纵云而上，不懈挑战更高的天空、更狂野的风。

　　　　　　直到心弦绷到极限，竹骨不堪重负，风兜儿一个倒栽扎进云头，从此掉线失去联系。落回地面的孩子，身陷在二十年后的车河里、无风的漫漫拥堵中，耳边总会响起风兜儿背上，那不限时速的好风长吟。

天黑的时候

我又想起那首歌

突然期待

下起安静的雨

原来外婆的道理早就唱给我听

下起雨也要勇敢前进……

天黑黑

欲落雨

天黑黑

黑黑①

撑花儿这个词，记忆里只有我婆婆在用

念出来很土，写出来却很漂亮

走在雨中轻轻哼唱

不怕天有多黑

相信婆婆一定在天上为我打开撑花儿

让我坚持走下去

cen hua er

撑花儿

①本段是歌手孙燕姿的歌曲《天黑黑》的歌词。

dou ma gu
斗马股

斗马股是一种扑克游戏，需要的技巧只是加法。

一人摸五张牌，挑出三张相加凑成十或二十的整数。

剩下两张再相加，以个位数大小来相比，点大者赢。

当然，如果连三张凑成整数的牌都没有，则为无斗，不比点就已算输。

因为游戏非常简单，所以婆婆爷爷都能轻松学会。这也是他们唯一会玩唯一爱玩的扑克游戏。

但婆婆爷爷哪有闲下来的时候呢，一家十几口人上班的上班，上学的上学，都是他们在照顾。

唯有节日里，子女们接过家务活，拔掉婆婆爷爷的发条，强迫他们安安心心坐在过道里的小凳子上，和我们一起，摆张小桌子，摊开扑克，玩起斗马股的游戏。

阳光像彩色的毛线缠绕在院子上空，我们陪着婆婆爷爷，看他们皱纹舒展，呵呵笑着，努力做着手里的加法。那是我印象里，总在忙碌的婆婆爷爷最最放松的时刻，那是操劳了一辈子的两位老人，正在享受他们最安心最满足的幸福。

白沙又叫光白，就是光头的意思。

儿时的年代没人会把光头当成酷头型，只有犯人才会刮白沙，所以敢于刮白沙的人总会让人误解并鄙视。

如果比分拿了零蛋，也可以引申为被剃了光白，刮了白沙。乒乓台上，多少个如乒乓球一样白的白沙啊。

所以，白沙不是"鹤舞白沙，我心飞扬"①的愉悦，白沙在重庆总是伴随着那么多郁闷的心情。

---

①鹤舞白沙，我心飞扬：白沙牌香烟的经典广告词。

bian gua

扁卦

扁卦就是功夫。二十世纪七十年代，重庆掀起习武热潮，全民尚武，文弱可耻，年轻人都以拳头论英雄，所有的业余时间都投入在了操扁卦里。

我爸爸经过数年苦练，成长为文星湾片区的总教头，弟子数十，扁人不倦。很可惜，那时候我还没出生，没能一睹我父风范。多年以后，流行褪色，全民经商，父辈们的雄风不再，各自归隐江湖，金盆洗手，扛大米的扛大米，做裁缝的做裁缝，理发的理发。

但你千万不要怀疑这些练家子的能耐，我曾在爸爸的武学参考书里，看到他们当年的照片。张张都如左边的那张画一样，一点都不夸张，任何一个景点前面，他们都可以随时一个立地劈腿，一个长拳架势，三分钟屹立不动，基本功之扎实。

我很喜欢看这些照片，喜欢那剑拔弩张让人心悸的生命力。

pi tuo

皮砣

　　关于皮砣这个东西，我说起过很多次了，但是因为当初亲眼所见，大受震撼，所以即使事隔二十多年，每次想起，都依然如第一次看到般触目惊心。

　　那是一个有关沙包的故事，从小，我妈就常说，你爸年轻的时候天天练拳，经常打沙包。不过从我七八岁开始，就只见他压腰踢腿打套路，打沙包那样的基本功却没再练过，所以也没太把这当回事，不就沙包吗？我们学校也有。

　　直到十岁那年，我们搬家，我在床底下发现一个麻布口袋，口袋表面血迹斑斑。这是什么？很奇怪，里面装的好像是沙子样的东西，但是特别特别沉，用手指仔细摩捏摩捏后，我震惊了，里面装的，竟然是上千颗小钢珠！原来这就是我爸的沙包——铁砂包！脑海里顿时闪现出老爸挥舞着血肉模糊的拳头狂扁这只铁砂包的恐怖景象。

　　皮砣在重庆话里就是拳头的意思，当老爸说，给你一皮砣，就是要赏我一拳头的意思。皮砣，皮砣，肉皮包住的铁砣。唉，没有人比我更能理解这个词的分量了。

yi er si

一耳死

一耳光过去，耳朵旁边有如被电光击中，半边天空星光灿烂。

一耳矢过去，矢，古语，同屎，耳朵痛到大便失禁，耳屎横飞。

一耳死过去，一个耳朵，当场死了。

嗯，还是最后一个说法最狠。

重庆崽儿

太千翻儿

si liao

司尿

婆婆最喜欢给孙孙司尿
喜欢"嘘嘘嘘嘘"吹响口哨
尿尿射得越高
婆婆越是骄傲

雀雀儿一翘一翘
尿尿射到天上
婆婆看见彩虹
嘴巴合不拢地笑

qio qio

雀雀^{er}儿

先讲一个全中国人民都知道的笑话：

从前，农场里住着三个好朋友，分别是一只小猪、一只小猫和一只小鸡。

有一天，小猪说：大家关系既然这么好了，我们互相称呼的名字也应该亲切一点。从今以后，你们就叫我小猪猪吧。

小猫立刻拍手赞同：好啊！好啊！以后我就叫小猫猫啦！

小鸡说：我有事，先走了。

再讲一个部分中国人看得懂的笑话：

从前，农场里住着三个好朋友，分别是一只小猪、一只小猫和一只小麻雀。

有一天，小猪说：大家关系既然这么好了，我们互相称呼的名字也应该亲切一点。从今以后，你们就叫我猪猪儿吧。

小猫立刻拍手赞同：好啊！好啊！以后我就叫猫猫儿啦！

小麻雀说：我有事，先走了。

最后讲一个部分重庆人看得懂的笑话：

从前，农场里住着三个好朋友，分别是一只小猪、一只小猫和一只小鸭。

有一天，小猪说：大家关系既然这么好了，我们互相称呼的名字也应该亲切一点。从今以后，你们就叫我小猪儿吧。

小猫立刻拍手赞同：好啊！好啊！以后我就叫小猫儿啦！

小鸭说：我有事，先走了。

解释一下，藏在第一个笑话背后的"小鸡鸡"，在四川话和重庆话里的说法，就是藏在第二个笑话背后的——"雀雀儿"，注意，是带儿化音的雀。

而藏在第三个笑话里的"小鸭儿"，则只是重庆话里的说法，但跟"小鸡鸡"已经有差别，不雅，有时用来骂人，不像"雀雀儿"那么可爱，慎用。

liu liao gou

流屎狗儿 er

　　重庆话里"流屎"就是"尿床"的意思，也可指任何时候的小便失禁。经常流屎的娃娃就被大人戏称为流屎狗儿。

　　每个小孩子都是流着尿长大的。《看上去很美》里面有一段很有代表性。一天下午，方枪枪突然尿意盎然，提着裤子满幼儿园找厕所，找啊找啊找不到，试图在墙根在床底偷偷尿了，但总有女同学在窥视，最后好容易找到个陌生的厕所，一边埋怨厕所搬家了也不讲一声，一边酣畅淋漓之际，发现原来是个梦，尿，已经流到床上了。

　　这样的找厕所的梦我做过上百次，与此同时，睡在旁边的爷爷则是梦到嘉陵江涨大水。我没方枪枪那么警觉，不会当场就意识到这是个梦，爽完一把后，一直等到第二天早上，才发现自己又和席子一起被洗了晾起来了。爷爷的大手板轻轻拍着我的屁股：你这个流屎狗儿！

ka liao san er

跨屎山儿

跨屎山儿是个带侮辱性的玩笑动作，抬起一条腿，趁别人蹲下系鞋带的时候，从别人头顶上跨过去，重庆话叫"卡"（轻声）过去，送别人半个胯下之辱。

小时候男孩子都被跨过也跨过别人，但谁也不甘做韩信，被跨过的人一定是冲冠暴怒，不跨回来也要打回来。

除了侮辱，跨屎山儿还附带一个阴影。小时候每次从晾衣杆底下过，都非常紧张，无数的裤儿张开双腿凌空等在头上，一定要小心绕开。如果不慎从几条裤腿下面穿过去，心头就会想，哎呀，遭了，被跨了屎山儿了，我的发育受影响了，我长不高了，我还不到一米呀，哎呀，好郁闷。

fen bi long

粪鼻龙

重庆话称鼻涕为"鼻子"，流鼻涕就叫作流鼻子。

鼻子里流出来的鼻子，是小娃娃最喜欢的玩具。

感冒初期，鼻子清澈，可以用来吹泡泡玩。左一个，右一个，五彩缤纷。

感冒中期，鼻子渐浓，慢慢慢慢流出来，呼溜，一下子吸回去，再慢慢慢慢流出来，呼溜，又吸回去，那是我的溜溜球。

感冒晚期，鼻子浓得化不开，吸都吸不回去了。干脆放任双龙出洞，左甩甩，右甩甩，那是我的小胡子。

两条青龙晃悠晃悠就到了嘴巴跟前，左右无人，飞快伸出舌头，往上一舔！凉凉的！甜甜的！玩具耍完了还可以吃呢！

结果，还是被妈妈看到了，就遭日决①："又吃鼻子！！你这个粪鼻龙！！烦达包②！！"冲过来，抓住鼻头，一捏，一甩，两条青龙，啪嗒，狠狠摔在地上，玩具没有了。

不过没关系，再等半分钟，新鲜鼻子又会出来，粪鼻龙从来不缺玩具。

①日决：毒骂，咆哮。
②烦达包：邋遢、不爱干净的人。

屙屎把子
o si ba zi

重庆话里，撒谎就叫作扯把子。那什么叫屙屎把子呢？

我有两个堂弟，一个叫甘益，一个叫欢欢。

做作业的时候都在一起，一人搬一张小凳子，一哼一哈坐在家门口，监护人是婆婆。

甘益很懂事，事事认真，作业不做完，屁股绝对不离凳子。

欢欢坐不住，三公里以外有其他小孩子在玩耍的动静，都会让他脚痒难耐。

每到这时候，他就会眉头一皱，手捧肚子，跑进屋去抓起一把草纸，对婆婆说："肚子好痛啊！我去屙屎了！"嗖！不见了。

半个小时后，欢欢还没回来。三个小时后，欢欢还是没回来。吃晚饭了，欢欢还没回来。睡觉了，欢欢还是没回来。

而苦苦等待的婆婆，就一声接一声地叹息：唉，教不转啊教不转！又扯屙屎把子！又扯屙屎把子！扯不完的屙屎把子！

就这样一转眼过了十二年，欢欢终于回来了，但家门口的凳子和作业本却不再等他，统统不见了。

面对学业，习惯选择屙遁的欢欢，在毕业以后寻觅工作的时候，发现好多事情，原来都不是扯一个屙屎把子就可以逃掉的。

桃子想要个儿子，我更喜欢女儿，为什么呢？

十岁前的小男孩简直不是人，就是一小动物，一只只能装在麻袋里的猴子，一旦放出去就再也唤不回来，停不下来地乱跑乱跳，天花板上都是脚印，去到哪里都是灾难。我做过小男孩，所以特别怕小男孩，太调皮，太千翻儿了。

中学以后，精力转移到了女孩子身上后，男孩子才不会再继续无休止地撒野、奔跑、翻院墙、上树、爬屋顶了。

中学的我，一个稳重的大男孩，有一天走过一道高高的围墙，阴影下，我愣住了。那是六七年前，六七岁时，我和小伙伴们一起翻越过无数次的厂区围墙。当时我抬头目测一下，心头一凉，这墙少说也有三四米高，另一面更是二十几米高的陡峭悬崖，当年的我不过也一米多点，天啊！当时是怎么翻上去的呀？天啊！还有胆量在那两块砖宽的墙头上健步如飞！想着想着，异常后怕，少不懂事，太千翻儿了，如果我是一位父亲，知道儿子整天在这样的地方飞檐走壁，心脏病一定给锻炼出来。

不过，想想那围墙上的景色，那围墙上的千翻儿日子，真是很过瘾。

千翻儿就是放学不回家直接往山上跑，
千翻儿就是从来不走大路只在围墙顶上跑，
千翻儿就是见水管就爬见树子就上再高的崖崖^①都敢往下跳，
千翻儿就是翻到屋顶把邻居家鸽子屋的大门打开，
千翻儿就是跑到马路上去踢足球钻到床底下去逮猫儿，
千翻儿就是见玻璃就弹见麻雀就抓见女孩子就欺负，
千翻儿就是手里始终抓着一样兵器消灭所有三尺以内的敌人，
千翻儿就是把一台收音机拆了再装装了再拆最后变成两台，
千翻儿就是把家里所有药水兑成一瓶然后把蚱蜢放进去游泳，
千翻儿就是一定要在床上先翻一千个筋斗再睡觉，
千翻儿就是日闯一祸日遭一打即使身压五指山下也绝不停息，
千翻儿的男娃娃是每个父母持续七八年的噩梦。

老天保佑，给我们一个女儿。

———————————
①崖崖：高一点的地方。

逮猫儿是最适合在重庆玩耍的游戏。

无处不在的坡坡坎坎为逮猫儿造就了完美的地形。

山坡上树丫顶斜坡下屋顶上每一个旮旮角角都是藏身之所。

我迷恋逮猫儿，我觉得那是全世界最好玩的游戏。

躲在一个敌明我暗非常隐蔽的地方，

眼看着当猫儿的人苦苦寻觅一筹莫展，

那份窃喜足够一个小孩子享受整整一个下午。

而最后趁当猫儿的人转身之际飞奔回基地，

以手触墙大叫一声"回国"时的成就感，

更是童年里最值得回味的美妙感觉。

转眼，猫儿们都长大成人，

我们走出小巷子走出小树林，

走进全国各地更辽阔更茂密的水泥森林，

在这一片片更适合玩逮猫儿的大游乐园里，

却发现，被手机被网线被工作被家庭被欲望拴住的我们，

再也无处遁形。

dai mao er

逮猫儿

sha pi gu

沙屁股

　　童年的游戏往往不知轻重，特别是沙屁股。

　　这个游戏如同桃谷六仙的惯用招式，两人抓手，两人抓腿，不管多大的胖子，一下子就被悬空架起。

　　当然，不是生生扯开，而是重重放下。北方话里可能叫"蹾"或打夯的"夯"。重庆话里称这个动作为"毒"，写出来大概是一个提手旁加一个"毒"字的样子。

　　的确是非常毒的动作。被"毒"的人手脚不能动弹，唯一可以扭动挣扎的是屁股，被四个人撒手一摔，硬邦邦地"毒"在水泥地上，春暖花开。

　　中学以后就不敢再玩这样的游戏，回想起来直觉得后怕，不管是屁股上的尾椎，还是背上的脊椎，或者是某人一失手让你后脑先着地，后果都是不堪设想的。

　　而不知利害的我们，"毒"与被"毒"的，当时竟然都玩得那么开心！

pu pa

扑爬

"扑爬"就是摔跤、绊跤的意思。准确地说，是特指向前摔倒，先是一个往前扑的姿势，然后四肢展开，嘴啃屎，背朝天，趴地上了。也是江湖上所称平沙落雁屁股朝天式。

"搭"是动词，也是摔的意思，泛指从自行车上摔下来，从楼梯上摔下来等摔法。"搭"字常与扑爬连用 —— 搭扑爬，搭了一扑爬。

扑爬比普通话里的摔跤更形象，直观表现出人被摔蒙后趴在地上半天回不过神来的狼狈相，因为是正面接触地面，所以再抬头一般都是鼻血长流。扑爬这个词真是特别漫画，周星星的片子里的摔倒动作大多是扑爬。

印象里最痛的扑爬是在旱冰场。小学的时候，最喜欢星期天，可以跟爸爸一起去文化宫，我在旱冰场里一扑爬一扑爬地自学滑冰，痛并开心着。爸爸则在旁边的棋牌室，专专心心地与棋友们切磋棋艺。可是这样纯净的日子，几年后就荡然无存了。

中学的时候，同样是在文化宫，我不在旱冰场了，而是躲在录像厅看香港电影，爸爸也不在棋牌室了，而是在麻将馆跟麻友们拳打脚踢①。八十年代过去，日子再没从前那么悠闲而宁静，每个人都活得扑爬连天②。

---

①拳打脚踢：重庆的麻将打法，不算番数，可吃、可碰、可杠，推倒即和。
②扑爬连天：跌跌撞撞，踉踉跄跄，连滚带爬。

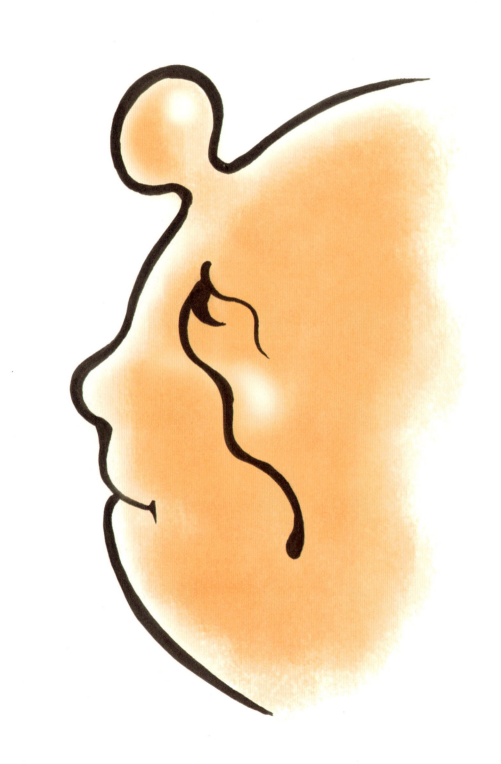

o
qin bao
鹅青包

六岁的一个傍晚，一个小女孩由她妈妈牵着，来到我家门口。

小女孩满脸是水，额头上顶着一颗大大的明亮的鹅青包。

她妈妈抓着我爸爸大吵大闹，说那个包是半个小时前我们玩攻城游戏的时候，我用一块鹅卵石给砸出来的。

当时攻守双方一共三十几个小战士，凭什么说那颗"手榴弹"是我丢的？

于是我顶嘴了，于是被爸爸当场打了，家长们总是乐意当着告状者的面法办自己的孩子，以显自己的公正严厉，所以下手也特别重。

我被按在床上拼命叫冤，痛苦挣扎，"当"，头撞在床当头上，转眼，一个大大的鹅青包也崛起在我额头上。

告状的母女俩心满意足地走了，爸爸也打累去休息了，婆婆走进厨房，倒了一捧菜油，然后把满脸是水的我抱在怀里，把菜油敷在鹅青包上，一边轻轻搓揉，一边咕哝着：包包散，包包散。我一下子就不觉得痛了，却不知为什么哭得更大声了。

搓痂痂
cuo jia jia

济公没有行医执照，却到处帮人看病下药。而且药丸子只有一种，逢人都是在自己身上一通乱搓，搓出来一坨龌龊的东西，包治百病。那坨黑乎乎的药丸，重庆话里就叫作痂痂。

小时候，最喜欢搓痂痂的地方是爸爸工厂里的大澡堂。冬天里，吃了晚饭，几个玩得稀脏①的小伙伴约在一起，杀到澡堂。工厂的澡堂，是我平生见过最大气的，全用连耳石②砌成，每块重五百斤，肌理沧桑，不加修饰，比现在城市里所谓的罗马大浴场粗犷一百倍。

澡堂挑高十五米，蒸汽如云雾翻涌，仙境里一条条光条条儿，泡在三百平方米的大池子里，站在高压水龙一样澎湃的蓬蓬下，自己给自己搓痂痂，两个人互相搓痂痂。洗澡水都是用蒸汽加热，工厂里有用不完的蒸汽，整个澡堂暖和得不得了，外面是三九隆冬，澡堂里，小孩子们光着屁股，满堂子跑，满身是汗，像进了夏日的水上乐园。

更衣的位置，摆着一樽大油桶改装成的火炉子，直径两米，炭火通红，甩甩头发上的水，溅在桶壁上，一股蒸汽吱吱尖叫着蹿起来。玩够了，洗完了，几个小崽儿掀开厚厚的棉絮门帘，欢笑着跑出来，浑身冒着白汽，个个干干净净，痂痂都留在了里面。

---

①稀脏：十分肮脏，不干净。　②连耳石：长约一米的条石。

da cai mao er
打猜猫儿

猜谜，猜谜，念久了就变成猜（重庆话读"才"）猫儿，
再多加个动词，变一下音调，
就有了打"才"猫儿这个说法。

小朋友最喜欢缠着婆婆打"才"猫儿，
世界太多未知，谜语后面都是惊喜，
小朋友都是满怀好奇心的猫儿，
门上总有一条缝，门缝里到底藏着什么？

回想从前婆婆打的"才"猫儿，
现在看来都是超低难度，
考现在的小朋友，基本是考不倒的。
家里的小侄子，倒是从学校里带回来不少"才"猫儿，
让我们这些大人来猜。
真是不简单，
按婆婆教的逻辑，猜来猜去侄子都摇头。
最后公布答案，原来现在流行脑筋急转弯。
唉，大人们惭愧不已，
真是好奇害死猫儿。

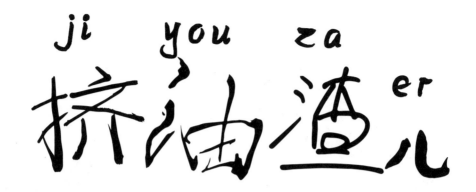

挤油渣儿

重庆的公交车售票员似乎都有特异功能。

小时候，公交车很挤，但是小朋友们把这当成好玩的事情，走哦，挤油渣儿哦！挤油渣儿就是买来猪板油，放在锅里熬化，用锅铲把里面的猪油尽可能地挤出来，在那个吃不到多少油水的年代，看到婆婆在挤油渣儿，小孩子们都去把锅围住。

话说回在那挤人油的公交车上，小朋友上去后就使劲往人多的地方扎，一是挤起好耍①，二是为了逃票，缩着脖子，心中默念，你看不见我你看不见我。但是，刚才还在后门的售票员阿姨，总会在不超过十秒的时间内，如全身抹了润滑油一般，哧溜，就从三十几个人的夹缝间挤到我们面前来：小崽儿，买票！怎么躲都躲不过。即使前后门同时上来男女老少十几个人，她都能用她的通天法眼，一个不漏地全部点到名，我观察了一百次，没一个漏网，崩溃了。

我们一起乘车的同学里，只有一个女生能逃过售票员的天网，因为她练就了更厉害的一门功夫，她可以直视着售票员的金睛火眼，面不改色心不跳地吐出两个字：家属！相当的镇定且自信，自信得我们都误以为她真是公交公司某人的家属，长达六年。

——————————————
① 好耍：好玩。

ha ji ge er
哈叽咯儿

哈叽咯儿就是挠痒痒，而且特指双手齐挠腋下两肋部位。

"哈叽咯儿"这个词写出来显得非常有意思，"哈"是动词，"叽咯儿"本身毫无意义，却像是叽叽咯咯儿的笑声。

我天生暴[①]怕痒，桃子暴爱哈我叽咯儿。桃子说，喜欢看你被哈叽咯儿时笑成一团，像个孩子的样子。我说，这简直就是种刑罚，如果我被坏蛋抓了，老虎凳辣椒水什么的都用不着，就哈我半小时叽咯儿，在笑死之前，我保证什么都招了。

和一个朋友聊天，说到大街上被讨钱的小孩子抱住双腿时的尴尬，走也走不动，甩也甩不开，太软了他不放，太狠了又下不了手，简直是不给钱就脱身不得。最后，大家商量出个非常人道的好办法 —— 哈他叽咯儿。

---

①暴：非常。

huo la

火辣

　　小男娃娃十岁之前基本没完成进化，猴子一个，严重好动症，要么是在烦躁，要么就是在压抑烦躁。

　　小猴子放学回家，书包丢下就准备出去耍，却被妈妈逮到："挽毛线！"天啊，那么大几捆毛线，手铐一样套在手杆上，心情无比沉重。妈妈握着毛线球，一圈一圈，不紧不慢，半天才从鸡蛋大挽到鹅蛋大。外面的其他小猴子们，都爬房上树，玩得闹麻了①，屋里的小猴子哦，心里那个痒啊，身上有如一万个虱子在爬。情绪扭曲，手脚乱绕，完全无法配合妈妈挽毛线的节奏，越挽越乱，眼看这一团乱麻，死结无数，小猴子的脸巴儿②急得比屁股还红，忽然，身上的一万个虱子配合烦躁，集体加快运动速度、摩擦力度，小猴子全身燥热，终于，毛孔喷火，一团黑烟，猴毛全部烧焦。

　　哎，妈妈们，看到了吗？小猴子们的烦躁，千万不能压抑，一压抑就会这样的毛焦火辣，由内而外，彻底烧糊。

―――――――――――――
①闹麻了：吵翻天了。　　②脸巴儿：脸庞。

za jio wu zua

张脚舞爪

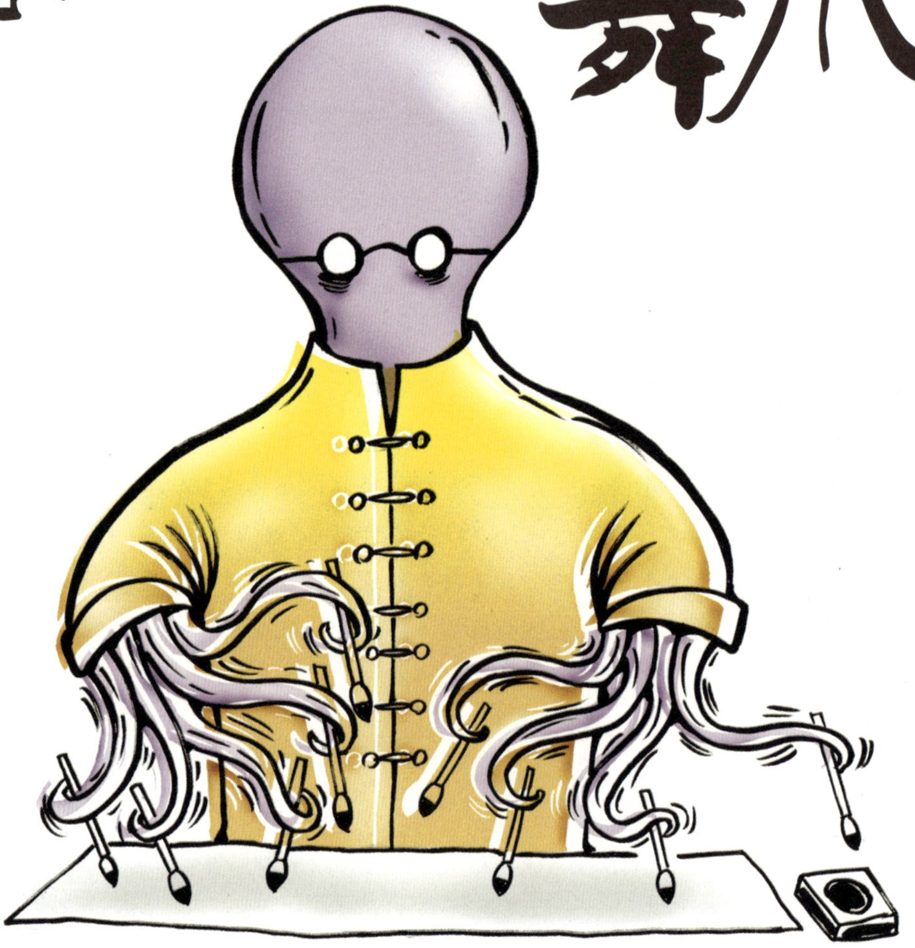

"张"在重庆话里读"渣"。似乎没有这个字^①。反正我没找到。据说是从"箸"（zhù）变音而来。za的意思就是张开，大大地张开，多用在腿上，双腿不雅观地大角度地开开合合，如果要找个比喻，那么，箸，筷子，真是太恰当不过了。名词变音又变性，成了意译的动词，汉字真有意思。

　　跳舞、打拳、睡觉时，腿脚像筷子一样大开大合，手臂像八爪鱼一般胡甩乱舞，张脚舞爪。这个形容姿态夸张而难看的词，也常常用在形容写字上。老师让同学们用"格外"造句，小表弟造的是："老师批评我把字写到格外去了。"小孩子初学写字的时候，每个字都如小孩子本身一般好动，不拘束于方块之中，在纸上张脚舞爪。

　　汉字应该是有生命的东西，因为源于象形，想想看，那万千个汉字，象着某个世间的形、世间的物，象了五千年，总有成精的，汉字绝对是有灵魂的生命体。我现在用电脑打出来的字，只能算是一个符号，真正用毛笔写出来的字才叫汉字，在张脚舞爪间，传递着基本词义以外的更多的意义。在特德·姜的科幻小说《你一生的故事》里，一个中国科幻作家，把语言学的魅力发挥到极致，从中国汉字探究到外星文字，文字的意义更是达到颠覆逻辑突破时空的高度。写到这里，再回头看那篇小说，发现里面的外星人叫作"七肢桶"，外形竟跟左边的章鱼不谋而合，哈哈，有意思。

　　说回地球，中国历史上最张脚舞爪的汉字是什么？狂草？不对。符文？不对。准确地说，应该是侠客岛上的那篇《侠客行》啊！若非张脚舞爪，那动态十足的招式就难以传承了。

---

①这个字应为"奓"，张开、裂开之意。

hei qu ma kong

黑黢麻恐

黑夜给了我一双黑黢麻恐的眼睛，我却用它寻找光明。大部分的动物和植物都具有趋光性，但小时候的我们却爱往阴暗的角落里钻，城市里那些黑暗的未知领域，就像游戏里的未探索地图一样，总在吸引我们去把它点亮。

居民区里遗留下来的地主庄园，昏暗无光，仿佛长期被笼罩在旧社会的天空下，那是四五岁孩子的初级探险乐园，从一条黑暗甬道钻进去，错综复杂如同蜘蛛城堡，一寸一寸摸开去，摸了两年，摸到了庄园的另外四个出口，通关。

七八岁时，我们开始探索中级难度的黑暗区域——防空洞了。重庆的防空洞很多，里面住着香蕉①，夏天，洞里如冰库一般寒冷，五六个人带着手电筒猫进去，挤成一团，一步一步把明亮的洞口甩在身后，一转弯，回头再看不到洞口，脚下踩到块木板，有人惊叫，棺材！大家连滚带爬逃出来，从此没敢再进去。

十一二岁，我们则开始探索高难度的原始山洞了。举起油棉纱扎的火把，点上耐燃的油毛毡，向黑龙潭旁边的黑龙洞挺进。两三个拐弯之后，我们被黑暗包围，再走几步，两只蝙蝠飞过，忽然间手里所有的火种都耗尽熄灭，陷入一片伸手不见五指的绝对的黑黢麻恐，崩溃！我们寸步都不敢动，担心走进岔洞，怎么办啊！！大约等了"一百年"过后，前方黑暗中，飘过来一团"鬼火"，红色的"鬼火"，女生已经开始哭了，待"鬼火"慢慢飘近，火光中，有一张人脸，微笑着对我们说：小朋友，走，我带你们出去。

简直难以相信，我们竟然碰到穴居人了！他先把我们带进旁边的一个小洞——他的卧室，取了几根蜡烛出来，点上，然后带着我们继续往前走，绕了三个弯，眼前一亮！！！他向我们挥挥手，不知道意思是再不要来打搅他，还是说常到他家来玩……

---

① 重庆防空洞冬暖夏凉，夏天会用来存放果蔬。

——听说你中了五百万哇?

——找些歌来唱!

当有人无中生有地说事, 瞎说, 乱说, 说得比唱得还夸张时, 你就可以说他是"找些歌来唱", 让他打住。

不过我更喜欢这句话字面上的意思, 让我想起高中, 那些爱唱情歌的少年。

放学后最惬意的事情, 就是和骆驼和阿力一起, 跑到西南大学的瓜果山上, 丢开书包, 躺在芭蕉树下, 一起找些歌来唱。

放声高唱哥哥的、慧娴的、BEYOND 的、克勤的、学友的, 所有最新的流行歌儿, 一首接着一首, 直到嗓子干了, 烟抽完了, 才尽兴归家。山上那绿油油的丝瓜、亮晶晶的葡萄、黄桑桑的小南瓜, 因为听着歌儿长大, 那几年里, 特别苗壮。

yu yuan er
遇缘儿

　　寻找生命中或缺的那一个角，是个经典的寓言。我总相信，这个角是不可能刻意寻到的，能碰到自己的真命天子，只能靠遇缘儿。

　　遇缘儿就是邂逅、碰巧、不期而遇的意思，但这个说法更有一种宿命之美。

　　向左走，向右走，绕无数的弯，转无数个圈，无数的错过，直等到那个命定的转角，砰，撞上。哦，原来你也在这里，这，才算遇到自己的缘儿。

　　接下来，珍惜这份缘儿，服从老天安排，王子和公主自然可以永远幸福地生活在一起。

sua pen you
耍朋友

在重庆，谈恋爱被称为耍朋友，很喜欢这个说法，感觉像是两个小朋友耍在一起，青梅竹马两小无猜似的，特别单纯。

其实，恋爱也好，结婚也好，最高境界也就是两个人能像一对好朋友一样，轻松愉快地一起玩一起耍，一辈子。

中学的时候，我们这些坏男生喜欢玩一个游戏。五六个人约在西南大学的爱情山上快活林里，东游西荡。一旦在花前月下的阴暗角落，碰到正在卿卿我我耍朋友的大学生，我们就故意坐在几米开外的地方，大声阔气地讲笑话，尤其是春哥，还要即兴来几首歪诗，故意让那对耍朋友的大白兔听到面红耳赤坐立不安，最后，实在受不了了，愤然离去，无敌的风景让我们这些小坏蛋给抢占。

重庆江湖

搁得平

操①哥是一种精神，但八十年代容忍不下这种精神。

如果我们在当时找一位深感生不逢时的典型操哥，让他穿越到古代，那他一定选择加入魏晋那帮子风度哥，竹林七贤变八仙。操哥先要操形象，特别注意自我造型，宽袍大袖，敞胸卖怀，披头散发，偶尔果奔②，动作飘逸程度要直追仙姿，引路人高呼：先人！便算外形上操得还可以了。

操哥穿越到现代，眼前一花出现时差，从前只要衣服的料子好点，裤子样式洋气点，皮鞋接个尖白袜子露出来就可以招摇过市了，现在要先认个时尚教母再认个潮爆教父还要把那么多潮牌混搭来混搭去才算操，太华而不实装模作样了。而且潮人又不操社会，还不如转到朋克阵营拿起乐器当武器，操哥不羁了愤怒了呐喊了反叛了硬核了哥特了金属了，同时也迷惑了，这也不算是操社会啊，操哥不是这个范儿！

操哥终于穿越到了民国，上海滩诞生一颗新星，操哥拉起一票人马跟小马哥火拼，另立江湖名号。外形终于可以放开操了，黑风衣白围巾尽显都市男人沧桑美，拗造型不能有小开③的脂粉味，拿腔调不能有老克腊④的媚洋味，操社会需要的是跳刀上的血腥味、驳壳枪上的火药味。今天和平饭店枪战，明天百乐门收保护费，操哥在那个时代里如鱼得水大展抱负，真刀真枪地把社会操得浪奔浪流。

操哥终于明白了操哥精神的真意——集优雅与暴力于一身的流氓美学——操哥继续在上海滩磨炼着，为有一天能穿越到意大利留学深造做教父级操哥而时刻准备着。

---

①操：读一声，等同于"混社会"的"混"。　②果奔：裸奔。
③小开：上海话中的"富二代"。　④老克腊：旧时代上海社会中讲究生活品味、情趣的群体。

huo jian pi hai

火箭皮鞋

在没有金利来的年代里，男人的世界很单调。

红色年代流行绿军装配白衬衣，到八十年代，简约到一条军裤配白衬衣，中途有喇叭裤迅速走红，迅速过气。

运动装则流行比阿迪达斯少条杠杠的中队长牌蓝色运动套衫，后来功能转化，常做春秋衣裤穿在里面。

九十年代初开始流行吊裆宽松长裤，重庆话称打滚儿裤，多为吊儿郎当或自以为吊儿郎当的人穿，比如我们这些中学生。

配合打滚儿裤流行起来的是黑色皮鞋加白色袜子，皮鞋一定要是接尖①的才拉风，接尖皮鞋因其特别具有速度感又被称为火箭皮鞋。

在当年，上穿打滚儿裤，下穿火箭皮鞋，那是相当神气的行头，以至于现在有些老前辈还穿在脚上无限缅怀。

---

①接尖：尖头。

mao 冒 pi 皮 pi 皮

买一包硬盒装的"红塔山"，放在短袖衬衣左边口袋里，

一定要是半透明的丝质衬衣，一定要把胸口挺起招摇过市，

碰到邻居，胸口挺一下，

碰到同事，胸口挺一下，

碰到女人，胸口更要挺一下。

那半透明上衣口袋里，尖挺的长方体轮廓呼之欲出，

那隐隐约约的红色塔山标志，无声地宣布：

我有钱！我气派！我幺不到台①！

你抽两块钱的山城，我抽十一块钱的塔山！

你过年过节才抽的塔山！你难逢难遇②抽一次的塔山！

但是，这位冒皮皮的兄弟从来不发烟，

走回家里，门关上，从上衣口袋里取出那个红塔山盒盒，掏出一根山城，点燃，深吸一口，表情比抽真塔山还要安逸③。

这，就是八十年代最冒皮皮的操法！

---

①幺不到台：不得了，了不起。　　②难逢难遇：难得，形容次数少。　　③安逸：舒服。

jia ba yi si
假巴意思

　　假巴意思就是假惺惺，就是虚情假意。老局长走在街上，碰到从前的老部下，老部下笑脸相迎，笑得阳光灿烂："胡局长，吃了哇？出来散步哇？好久没看到了哦！经常过来打麻将噻！"老部下笑得特别诚恳，甚至谄媚，仿若从前。

　　但老局长清楚，人走茶凉，眼前这张笑脸只不过是假巴意思，另外一面不以为意的嘴脸是什么样子？把左边那张画倒转过来就知道了。

sa
xue
杀切

杀血是个形容词，在男孩子血气方刚的年代常常用到。

初三二班的老大新买了双接尖皮鞋，鞋尖刺过尖叫的风，好杀血。
高一五班的老大打架只用西瓜刀，所有的西瓜都怕他，好杀血。
高三四班的老大买了架125①，女朋友放后面时速125，好杀血。

杀血就是嚣张，就是牛×，同时还弥漫着血腥味道。
时间慢慢过去，年轻时的杀血一族，不做大哥好多年，渐渐老去，坐在街边。

看到从前不起眼的配角，衣锦还乡，光鲜登场，
操世界的操世界，做老板的做老板，
个个都是商战沙场上的老将，
肩扛一把看不见的西瓜刀，
指哪砍哪，点谁灭谁，
老大们默默感叹，这才是真正的杀血啊。

_____

① 125：指125排量的摩托车。

si

xue

死血

死血亲密有如血缘关系，有酒同酗，有血同流，简直就是失散多年的异父异母兄弟。想想那桃园里，一人一刀，三股热血，化在一起，死在一起，凝固成一坨血旺，你中有我，我中有你，比血亲还亲，哪里还能分开！

人生能得一二死血，死而无憾！

一个汉子三个帮，为兄弟伙帮忙，做兄弟伙坚实的后盾，就叫扎（读：杂）起、抽起。

我老汉儿年轻时有很多兄弟伙，一起练过拳，一起踢过馆，有一年，他老人家买了个金色塑料盆，把手洗了，说要开始做生意，请兄弟伙们以后多来扎起。他开了个火锅馆。

开张的时候，坐满了人，黑白两道都来庆贺。我们家的火锅馆没请师傅，是我老汉儿自己熬的底料，当时我十二岁，凭我八年的火锅品尝经验来看，我只能给他打个60分。最初的一个月，每天都有许多客人，生意还算不错。第二个月，一天能来个两三桌，都是这个哥那个姐的，不是亲戚就是熟人。第三个月，连熟人亲戚都不来了，老汉儿的兄弟伙们更是长时间不再露面。嘿，过来扎起嘛！老汉儿直接给小弟们下指标命令了。但火锅这东西，别说你才60分水平，即使是100分，也不可能天天来吃啊。兄弟伙惭愧地说：老大，求你了，让我帮你干其他事可以，这个，这个，真的是遭不住了。

生意不好，只好把门面减半，同时老汉儿提议转向——卖饺子！天啊，真不知道他是怎么想出这么具有北方风情的经营项目的。又做了一个月，大家都觉得在重庆卖饺子很宝①，连我和我妈都不想给他扎起了，关门大吉。

---

① 很宝：很傻、很二百五。

da mo ho
打莫和

　　有个朋友，命途多舛，人生的每个坎都是搭着扑爬翻过去的，一路磕磕碰碰长大成人，没一天顺利，让人怀疑他本身就是个悲剧。

　　最近一次听到他的不幸遭遇是，有天在公司楼下掏出钥匙开自行车，无意中把别人一模一样的车当成自己的一阵乱捅，结果被车主撞见当成偷车贼，只是车主打他还好，可怕的是引来一群无所事事的人，趁火打劫打莫和，下黑手的下黑手，踢黑脚的踢黑脚，打成内出血送进医院还没人负责。

　　这让朋友们愤慨，不是恨那些打莫和的人，而是恨老天，见人可怜，你非但不帮他，却来些这样不公平的安排，难道老天爷你也喜欢打莫和？！

xi bei
洗白

重庆话里有句嘲笑人的说法：四个包包儿一样重。
那些输光了钱财的赌鬼，梦游一样从麻将馆里飘出来，
一张脸白卡卡地吊着没有表情，四个口袋白生生地翻出来没有重量，
这就叫洗白。洗劫一空的洗，一穷二白的白。
洗白的意义延展开，就是玩完，完蛋，嗝儿屁。
最恶劣的用法是，昨天有个车祸，八个人洗白了。

川渝以外的人不知道这个词的意思，
于是出来了这么一个洗衣粉广告：
一只斑点狗和衣服一起被丢进洗衣机，
洗完后，一只白狗从桶里爬出来。
天啊！这不是搞笑吗！真把斑点狗丢进洗衣机，那可就真洗白了。
看到这条广告的时候，只希望它千万别被拿到川渝去放。

xi sua

洗刷

在重庆话里，洗刷所针对的对象是人，不是衣服。

把一个人丢在盆子里，先浸泡二十分钟，然后搓揉五分钟，拖出来，放到搓衣板上，打上肥皂，搓啊搓啊，翻来覆去，十分钟，再丢回盆子，清掉泡泡，再拖出来放搓衣板上，打上肥皂，拿出刷子，刷啊刷啊刷，翻来覆去，十分钟，最后，漂洗三盆水，拧干，甩几下，晾到杆子上。想象一下，一个大活人被如此洗刷一番后，会是什么样子？

在重庆话里，洗刷一个人就是指用言语去教训一个人，用说教去搓揉一个人的脑子，用震撼性事实去洗涤他的灵魂，把他的自信他的不服他所有自己的想法统统洗刷干净。被洗刷过的人，基本上也就如一件被洗刷过的衣服，软塌塌，湿漉漉，再也挺不起胸脯。

　　中国武侠小说里最吸引人的地方，大多是主人公武功猛然精进，功力神速提升的片段。这类质变时刻大多会经历一场非常可怕的涅槃手术，比如任督二脉被轰然打通了啊，比如被某位高人忽然间洗髓换骨了啊，显得特别生猛。

tui sen guang
褪神光

　　过去，重庆民间有一种涅槃手术也同样的杀血，叫作褪神光。大哥见某人不顺眼，太猖狂，就会颁布一条江湖捞①人令：去把他神光褪了！接到命令的人，就会把那个精神劲儿十足的朋友找到，带到某个无人处，一顿拳脚下来，墙角就只剩一个双目无神徒有七窍的空皮囊，除了一口气，三魂七魄都被解散。这就叫作神光被褪，从此再拿不出脾气和精神跟老大们对抗了。

这种武力褪人家神光的手法太过血腥，不高级。我喜欢少林二祖神光的故事，很巧，他从前的名字也叫神光。也是一开始心高气傲，还得罪了达摩，后来死跟了达摩九年，学会虚心，为求继续深造，找个大雪天，到达摩门前站了一通宵，可惜达摩老师心眼特死，一定要把传教收徒搞得仪式化，非要看看红雪，于是神光一刀把自己手臂砍了，终求得达摩接纳，赐名慧可。想想达摩也是用心良苦，神光不褪，不先把过往的观念清空格式化，何以传承新法？这样来褪人家的神光，才是更有建设性的褪法啊。

----

①捞：重庆话读"鹿"，有捕捞的意思，如捞鱼。

"况"是一种精神状态,《喜剧之王》里有一段可以作示范。

副导:做个紧张的表情来看看。

天仇若有所思:就紧张来说,可以有好几种。

副导:在医院等老婆生孩子的那种啦。

天仇咬手指。

副导:儿子出世。

天仇大笑。

副导:老婆死了。

天仇号啕。

副导:儿子天才,会叫爸爸。

天仇哭着笑。

副导:儿子鸡鸡长在头上,畸形。

天仇笑着哭。

副导:中六合彩……还是头奖!

天仇激动得跳。

副导:儿子死了。

天仇翻白眼,昏过去。

副导:老婆醒了。

天仇无反应。

副导:喂!老婆醒了!

天仇解释道:没有啦,一个人要是受了太大的打击,就会进入精神功能的休克状态,不会再有反应了。

这种精神功能的休克状态就叫作"况",如此多的连续打击,就如同两只巨钹对着脑袋哐哐哐哐连续夹击,是人都被整"况"了。

dong de qi
懂得起

　　悟空学艺的时候，最关键的一步，就是当师父在他脑门上敲了三下后关上前门的时候，他懂起了这是一套暗示，才有了后来师父的小灶，才可能得到密传的法术。如果当时他懂不起，完了，他只能做只猴子。

　　在眉目传情的时候，懂得起就是善解风情心有灵犀；在师长训话的时候，懂得起就是响鼓不用重锤一点就透；在佛陀传教的时候，懂得起就是拈花微笑无须棒喝。什么潜规则什么人情世故什么男女之情都懂得起的人，与人相交总是特别融洽，行事处世都是顺风顺水，所以懂不懂得起，实在是一门值得修炼的功课啊。

kuo de pin
搁得平

人生不平之事十有八九，这个时候就需要有个权威人物出来搁平摆平。

单位分房子，总有不平衡，人人都来找工会主席，主席就会对每个人都说："搁得平。"如果他真的能让每个人都满意，那他就是超级好的主席。

黑社会分地皮，总有不平均，叫上教父出来喝咖啡，他就会对大家说："搁得平。"如果他真能分得让人心服口服，那他就比马龙·白兰度还要让人唯马首是瞻。

人世间总有造反捣乱，众神没辙了就去找如来，如来伸出一只手，翻为云覆为雨，谁也出不了他的掌心，万事他都能平定，他都敢说"搁得平"。

搁得平是让人信服的能力，是让人折服的权力，是一个男人处世的最高境界。有道是，作为一个男人，当修身，齐家，治国，搁平天下！

zai zei

贼

我一直想不明白《无间道》里的卧底怎么可能有人自愿去做，如果不是有把柄被逼，如果不是本身就有人格分裂，怎么可能心甘情愿做那种集合被鄙视、被唾骂、被不齿、被践踏等巨大压力于一体的非人职业。如果要放在重庆的语境里来理解，小卧底到底算是怎样一种角色，先看看下面几个词：

　　街娃儿：街头混混儿，打廉价摩丝，背廉价刺青那种。
　　杂皮：人渣，社会的杂碎，做事不讲原则道义的人。
　　烂瘾儿：吸点小毒，一天到晚萎靡不振阴尸倒阳的人。
　　瘟伤：瘟疫一样，总会把麻烦传染给家人和朋友的人。
　　色子娃儿：胆小鬼，关键时刻缩卵①的人。
　　戳锅漏：总是把事情搞砸的人。
　　栽贼：别人做贼都吃肉，你一做贼就栽水②的霉人。

　　如果在《无间道》的开始，警长对年轻的梁朝伟说实话：你将来的任务是，假装被警校开除后，你就去做一个街娃儿，而且是不能过度成功那种，要混在中下层别太引人注意。做事情要很杂皮，让人觉得你确实有做坏人的天赋。还要扮烂瘾儿状，毒可以吸点但不要上瘾哦！如果有亲戚或者同学朋友接触到你，你就扮瘟伤，让人嫌弃你以免节外生枝暴露身份。跟组织去砍人的时候，要当色子娃儿，别真砍死人了，我可保不了你。同时别忘了警局的最终目标是，你来做个戳锅漏，把组织的事情搞砸，把老大搞下课！当然，最大的风险就是，锅没戳漏，你成了组织认定的栽贼，也成了警局认定的栽贼，那就彻底翻不了身了。所以，你考虑好了没？

---

①缩卵：犯怂。　　②栽水：失足掉水里，引申为失手被抓获。

　　如果在重庆有人称你老师，别误会，与职业无关，而是一个半开玩笑的通用尊称。三人行必有我师嘛，带着虚心好学的心态，每个人都可以是自己的老师，确实有过人之长无论一技还是一字，你都可以做别人的老师。而一旦做了老师，而且是开坛授课的职业老师，就等于是把自己摆在

下课

学生面前接受监督，那就得认真对待了，传道授业解惑三点，哪点稍不合格，就可能面临学生起哄，而起哄的标准口号就是："下课！"

被吼过"下课"的老师很多。唐玄宗老师曾经接过或者说抢过父亲的教鞭，意气风发地负责为北部外夷传授武功之道。玄宗老师善于治兵，开疆拓土，四夷宾服，把一些外族学生治得服服帖帖。后来老师老了，只顾跟师母玩音乐不按时上课不管学生了。其中一个叫安禄山的体育科代表就不干了，老师你还教武功，现在武功都不如我了，我凭什么还要服你！"下课！下课！"于是举兵叛唐掀讲台，要自己当老师。整个学校被搞了个一团乱，师母也挂了，教鞭也被儿子抢了，玄宗落了个彻底下课。

再比如中国的足球课，也是一个永不太平的教室。学生老是踢不好，球迷家长们很着急——球迷不算是家长？那谁在养你们？——于是教委来把脉，结论是国内的老师不会念经，急需引进外籍老师。于是先在德国请个施老师，盼救世主一样盼人家施法，三场输一场，小组没出线，施老师被教委宣布下课。再从英国请个霍老师，只给一年时间，让人家带两个班，奥运没能出线，教委又宣布人家下课。接着是神奇的米老师，神奇地踩了狗屎踩进世界杯，神奇地踩了连环雷踩出三连败。这时候家长也不干了，老师是来授业的，授出来的成绩不好，当然得下课走人。但直到很多年以后，家长们才明白过来，学生的成绩不好，好像还跟他们喜欢赌赌博作作弊有关。唉，那还何必送他们去上课呢？

重庆生活

喜剧

有首歌里这样唱道："空荡的房间里没人作陪，只有去那街头看看姑娘的腿。"这就叫打望。重庆美女多，因此打望成为重庆男人们茶余饭后的一项重要免费娱乐。

打望有多层境界。

第一层境界就是明打。几个朋友，于美女云集处，端杯小酒，泡杯小茶，赏花赏月赏秋香。一秋香遥遥走来，集体行注目礼。同时展开讨论。甲说：乖！乙说：舒服！丙说：裙子稍显保守。丁说：皮鞋很有品位。戊说：哎呀，我颈子遭闪了！这种境界，只为养眼，属于健康打望。

第二层境界，是在大学学画画的时候碰到的。一男性美术老师，上下课途中总是魂不守舍东张西望，眼中一旦进了美女，就立刻调整行进路线，五米开外围着人家，运动中全方位扫描，遭一个白眼后，又回到原路上，若有所思地继续走向教室。同学们就问了，老师为什么走神都走得如此专注呢？老师认真地回答道：学美术的人，就应该这样时时刻刻锻炼自己的眼睛，看结构，看外形，看质感，看运动姿态，只有在日常生活中不懈地进行观察，才能突破人体绘画这一难关。哦……男同学们大彻大悟，女同学们集体昏倒。

……

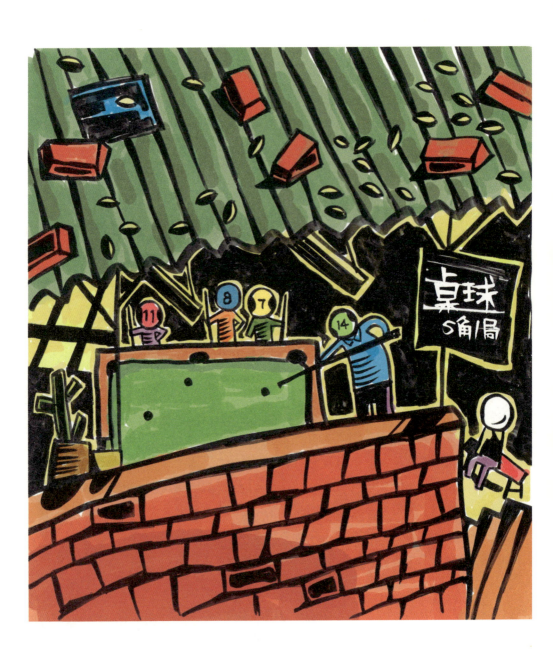

中学六年，我们是多么地迷恋桌球啊！"巴台月母子""薄擦""门牙""枕头""叽埂子""打几何"，在十几年后再共同回忆起这些专业言子儿的时候，瞬间就如同身临彼时彼境，那五彩桌球的噼啪声，那响彻红房子桌球室的喝彩，那看球老太婆严厉的呵斥，在那里组织的每一次联赛，在那里打的每一场架，在那里得到的每一份荣耀和羞愧。

这里是校园外的另一个更现实的赛场，如同四五年后我们就会跨入的社会竞技场。这里不单是靠天赋、靠努力、靠能力就能赢，有时要敢拼，有时要耍巧，有时要靠胎运。

胎运是什么？胎运是天命与运气两个词的结合，是从娘胎里带出来的运气。

胎运好的时候，一个三流选手可以一杆收掉全局让一流选手无言苦笑；

胎运不好时，一个顶级高枪可能连续错失三颗大门牙①，卫冕失败被人耻笑。

由此，在桌球世界里，我们创造了一个词——"胎运守恒定律"。

这个定律告诉了长大成人的我们：

人生在世，胎运无常，胎运好的时候，自危，谦虚，杆杆稳重；胎运差的时候，自信，坚持，球球专注。永远不要依赖胎运，也不要被胎运征服，因为上天赋予每个人的胎运，都是守恒的。

---

①大门牙：停在洞口的球。

huang bang
黄棒

重庆话里有句谚语叫作"黄棒手硬"。黄棒是指对某一专业一窍不通的门外汉（北方叫"棒槌"），而当这个黄棒接触到某一专业时，黄棒手硬这一戏剧性的事情就会发生了。

童年郭靖就是个黄棒，几个师父跟陈玄风打架，他屁武功不会，也掺和进去，结果拿出小匕首随便一捅，就把力敌七个师傅的高高手给干掉了，这就叫黄棒手硬。这种黄棒叫命大运大型黄棒。

藤原拓海也是个黄棒，整天只知道开车送豆腐，虽然什么叫漂移都不知道，却已是一身神功，几漂几漂地把所有专业选手都干掉了。这种黄棒叫作无知高手型黄棒。

桃子也是个黄棒，麻将桌上只会摸牌不会算牌，觉得万子好看，就把条子筒子全打掉，也不管会不会放炮，也不考虑自己可不可能和。噼里啪啦下来，摸了四个九万，再一看，没牌打了，为什么呢，哦，清一色龙七对，和了！这种类型就叫作"我是黄棒我怕谁"！

shui da bang
水大棒

水大棒原指漂在江里泡胀了的死人。后引申为不守诺言,食言爽约,水[1]别人的人。

中学的时候,我们班的男生们常玩一个游戏,叫作"春哥再见"。

春哥是个好人,很喜欢跟我们一起玩,但因种种原因,大家都怕跟他一起玩。

群聚的时候,一旦春哥老跟在后面,大家被跟烦了,就提议说:"散了吧,回家吧!"

然后大家一哄而散,各自向回家方向走去,还纷纷回头对春哥说:"春哥再见!"同时却在相互间暗递眼色。

十分钟后,估摸春哥已经回家去了,大家又心照不宣,同时回到刚才散伙的地方,继续一起夜游。

春哥,事情过去已经十年了,我想你应该不会再怪罪我们了吧,在这里我代表所有跟你说过再见的人,向你道歉,我们真是一群没有良心的水大棒。

---

①水:介于欺骗和不守承诺之间的一种状况。

er hui

二回

二回就是下回、下次的意思，但比下次更遥远。与此类似的词还有"二天"，不是第二天、明天，而是指以后、将来。小孩子做了错事，妈妈会教育他：二回不要再这样了哈！二天不许再犯了哈！这里的"二"没有具体数量的意义，而是半开放地指向以后。

　　说到二回，老妈，我要告诉你一件事。初三的时候，有段时间，学校常有下暴事件①发生，恩怨丛生，江湖上常有风声说有谁谁谁要找我麻烦，搞得我草木皆兵，犯了癔症，觉得应该像其他同学一样，在书包里放把钢尺或是自行车锁链什么的自卫武器，以备不测。

　　后来，爷爷的柴刀不见了，我承认，是我拿了。这是当时学校里少见的一件奇兵器，我觉得非常适合我，不锋利，砍不死人，很粗犷，绝对吓得死人，主要起个威慑作用。那把柴刀我背了两个多月，一次使用机会都没碰上。后来把刀还给爷爷后，我被两个小流氓袭击，书包被抢，再抢到头上，敲到飙血，这你是知道的，敲破脑袋的是书包里那只铁皮文具盒。

　　事后我很害怕，怕的不是这场纠纷被你们知道，被你们教育，告诫我二回再也不要打架。而是后怕，怕当时如果那把三斤重的纯钢柴刀还在书包里，也会被抢到我头上，二回，我可能就再没有二回了。老妈，我保证，以后再也不做这么凶险的傻事了。生命没有二回，生命没有TAKE 2②。

---

① 下暴事件：青少年学生霸凌事件。　② TAKE 2：指 take two，重来、第二次。

da fu luan suo 打胡乱说

十二岁的一天，西南大学电影院不放电影，改开讲座，一个气功大师带功授课，主题是包治百病。我进去看热闹，看数百名中老年叔叔阿姨配合气功大师一起玩魔术。

双手合拢，我要发功了，请大家跟我一起默念，左手变长，左手变长，左手变长。全场善男信女闭目凝神，双手合十，喃喃自语，一分钟后，睁开眼睛。气功大师说，大家再比较一下，左手的手指是不是比右手更长了。事实是，看上去，左手真的变长了。全场哗然。大师说，放心，等一下，我会让大家的左手恢复到原来的长度。现在，让其他器官也来感应一下我的功力吧，有病的人，请勇敢地到台上来！

后面那些病人的表演我就不多说了，也不知是被催眠了还是媒子①，群魔乱舞似的，太不堪了。气功大师的话越来越离谱，居然说人是流物质，随时可以重组再生，肿瘤算什么，当个屁就排出体外了；今天散场了我还是可以与大家遥感呼应，每天晚上九点我会在FM888.5兆赫频率发功，你在任何地方都可以接收到我的功力，因为此功是通过人造卫星覆盖全球的。

连当时十二岁的我都知道，这完全就是打胡乱说，握着也许难以还原的左手，愤然离开了电影院，而数百名愚昧粉丝，仿佛找到了信仰似的，三魂七魄就随那大师去了。

---

①媒子：北方称托儿。

zua men jio
踢梦脚

当一个人在大白天里却如同在梦中一般，神志不清，梦见自己在射点球似的，猛踢了一下脚，我们就说他是在发梦冲、踢梦脚。

"踢"在重庆话里读"爪"（二声）。踢梦脚是突然的痉挛性的一脚。后来用法上继续延展，开车的时候原本该踩刹车，踩了油门，可以说是在踢梦脚。考试的时候一加一那么简单的题，却答了个等于三的答案，这也是踢梦脚。在清醒的状态下，忽然犯下不可能犯的迷糊错误，这不是等于在梦里胡乱踹脚是什么？

开车可以踢出事故，考试可以踢出不及格，如果是踢球呢？那就是怎么踢都踢不出个名堂。中国足球队那几爷子[①]，一上场就恍而惚兮的，哪里是在踢球哦，只能说是长期在踢梦脚。

---

① 那几爷子：含贬意，那几个人。

tin si
挺尸

我妈妈是一个温柔贤淑的女人，除了叫老汉儿起床吃饭的时候。

忙了一早上，中午十二点，妈妈好不容易把饭做好了，菜都摆上桌了，却发现老汉儿还在床上呼呼大睡，完全无视她的劳动成果。妈妈就开始催他了：起来吃饭了。没反应。音量提高：起来吃饭，听到没得？还是没反应。第三遍，妈妈忽然咆哮起来：紧球到①挺尸！起来胀饭②！！

每次听到这声咆哮，我心头都会一紧，挺尸这样的词，真是太恐怖太恶毒了。转眼去看老汉儿，还好，晃晃悠悠下床来了，而不是直挺挺地从床上弹起来的。

回想小时候睡的床，从木头床谷草床到绷子床，全是硬邦邦的。妈妈的解释是，睡硬床比睡席梦思好，腰杆不痛。所以即使市面上有了更多更好的床垫，我却还是听妈妈的话坚持睡了十年绷子床。直到宜家的"睡眠革命"开始，我买了张软床垫回来试过以后，才知道被妈妈骗了，软床哪里不好啊？简直太舒服了！再也不用直着腰杆在硬床上挺尸了。

---

①紧球到：老是在。 ②胀饭："胀"做动词用，胡吃海塞。

tuo sou
脱手

　　这个世界由一种叫作糍粑的物质组成，它们没有具体分子形式，莫可名状，但又无处不在，触手可及，它们柔软滑腻，充满黏性，庞大而无边无际地充塞在我们周围。它们以无数事件或人物的形态，出现在我们的生活里。当我们签署某项协议或合同的时候，或接触到某个人的手或心的时候，一项工作一项生意开始启动，一段感情一段缘分开始滋生，这时候，糍粑物质就会以责任或者情绪的形态附着在我们生活里，甚至凭其超强的黏性，把相关的人人事事黏结在一起。

　　糍粑原本就是这样一种中性的物质，世界因它而有了结构，人与人因它而得以沟通。但如果有人企图占有过多的糍粑物质，或者不小心触及了过多的糍粑关系的时候，糍粑就会变成一种甩不掉、扯不断的负担，协议可以变成纠纷，情缘可以变成孽债，情况变得胶着，发力却又无从着力，糍粑泛滥如泥沼，生活寸步难行。

　　重庆有句歇后语：猫抓糍粑——脱不到爪爪。脱爪爪，也就是脱手的意思，手里的责任没有了，关系脱干净了，就叫脱手。有关糍粑世界的学术探讨，是件很复杂的事情，我想，这句歇后语，也算是对糍粑世界理论的一个精要概括吧。

è jī pó

恶鸡婆

恶鸡婆就是很凶恶的鸡婆，专指厉害泼辣、浑不讲理的女性。

小时候住的大院子里，有一个五十多岁的恶鸡婆，整天都在骂骂叨叨叽叽歪歪，唠叨自己那个没出息的儿子，叽歪那个没规矩的媳妇，还坚持每天三小时扫射前后左右所有邻居，全是无厘头的含沙射影指桑骂槐。谁如果当天心情不好，精力旺盛，就会跟她来上几个回合，当然最后赢的都是她。没人理睬她的时候，她就跟说单口相声似的，一边做饭扫地洗衣服一边滔滔不绝。

去年到重庆，我回老院子参观，已经过去二十年了，我的婆婆爷爷都走了，范婆婆也走了，廖爷爷也走了，我想，院子里一定再难看到老人了吧。出乎意料的是，仿佛时间从未流动，她竟然还在！！除了头发全白，精神一样矍铄，口齿一样伶俐，骂骂咧咧大步流星地穿梭在没有对手的院子里。从前一直担心她长年满腔怒火对身体不好，没想到善于宣泄才是延年益寿之道。

妖精妖怪是个形容词，

诞生在那个千人一面蓝色布衣的年代，

典型的酸葡萄心态表现，

难得见到一个稍微打扮了一下的爱美女子，

无非是穿了条布拉吉（花裙子），

戴了副彩虹色的压发梳，

或者抹了点足以被察觉的红唇膏，

就认为人家装扮过火，招摇过头，

就认定人家是从《西游记》里某个洞里钻出来的，

就说人家打扮得"妖精妖怪"。

那个以苦寒为荣的时代已经过去，

在这个辣妹如云视觉系横行的年代，

再用妖精妖怪这个词去形容别人，

反而显得自己老土。

我以为这个词可以告别历史舞台，

再没有使用的空间了，

但当我见识到某些热衷于把自己拗成"S"形到处献宝①的女人时，

我还是决定保留这个词，

并专用在她们身上。

妖精妖怪 yao jin yao guai

---

①献宝：哗众取宠。

guai mei ri yan
怪眉日眼

　　画龙需要点睛，眉目才能传情，做广告也是一样，一份好的稿子，只能有一双龙眼，这双眼睛，可能是一张图，一个标题，一种调性，单纯而直接地传递出广告所要表达的主张或精神。

　　但当我们把一份龙眼烁烁的稿子送到客户面前时，客户总喜欢拿起笔来，没办法，修改别人的东西是世界上最快乐的事情之一，凭着自己的喜好，要让画面里某个元素更突出，内文里某个句子更具强调性，这里大一点，那里大一点，每个元素都在抢戏。

　　原本应该担任配合角色，辅助传情表意的面部器官，都争先恐后要来做眼睛，一张原本和谐的面孔，忽然变成一场嘈杂不堪挤眉弄眼的闹剧。等到整容完毕，毁容成功，出街的广告，大多是一个怪眉日眼的怪物。

yin si dao yang
阴尸倒阳

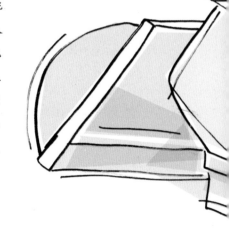

"年纪轻轻的，一天到晚点儿精神都没得，阴尸倒阳的。"

精蹦的鲗壳儿们非常鄙视这类未老先衰的年轻人。阴尸倒阳，就是指某些人，某些行业的人，整天没精打采，气若游丝，仿佛行尸走肉一般。

所以每次通宵加班回家，碰到晨跑的老头儿时，我都惭愧地掩面绕行。在我们这个原以为是玩脑力，结果是拼体力的广告行业，长年累月地加班下来，没几个人还能对下班时间产生活蹦乱跳的反应。既然准时下班是个谎言，那么每个人就规划出属于自己的阴阳颠倒的生物钟，有把中饭当早饭吃的，有三点不露一露就到凌晨三点的，有月出而作日出而息的，还有六点回家睡觉半夜起来吃饭喝酒到早上直接从酒吧进办公室坐起的，但共同的特点都是，因为没有跟大自然一起作息，导致阴阳失衡，神情恍惚，整个人长期都处于阴尸倒阳的状态。

---

①操机：操作电脑。　②遭：同"着"，着了、遇到了之意。

不过大家都对这样的
状态很满意，因为可以很
自我，可以不受干扰地
思考和操机①，如果一旦
有谁忽然精神焕发阳光
四射了，遭②了，大家
心都紧了，又一个回
光返照的！！快点
回家洗洗睡了吧！

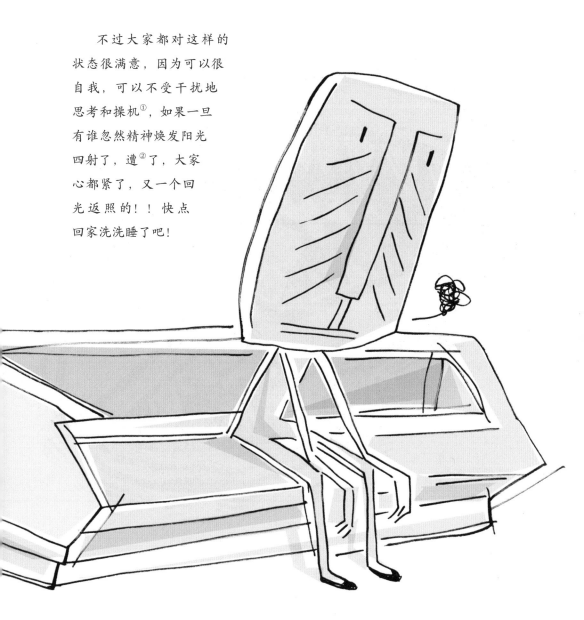

ban ya

扳牙 ba jin 巴劲er 儿

　　小时候，每到吃饭时间，爷爷和爸爸坐到一桌，两副牙巴就咬在一起，开始扳牙巴劲儿。牙巴在重庆话里就是牙齿。

　　爷爷是一个忠诚的老同志，爸爸是一个资深的愤青。婆婆、妈妈和我就作为亲友团坐在旁边，听他们两爷子一个说这好，一个骂那差。

　　两位辩手非常不专业，扳起牙巴劲儿来不管论据论证，不按逻辑条理，瞎掰横扯，乱扯乱咬，到最后总是以分贝来论胜负。

　　就这样，两副牙巴坚持PK了十多年，爷爷的牙巴一颗一颗掉光，没有带进土里，爸爸的牙巴一天一天松动，再也嚼不动牛肉。只有时间赢了。

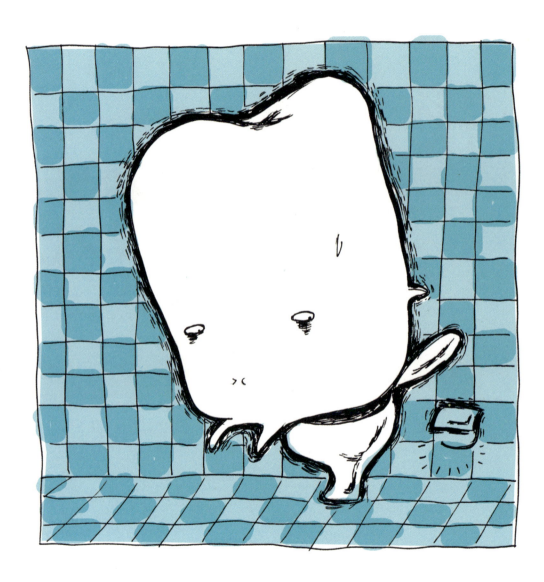

ya ba si si

牙巴屎屎

牙巴屎就是牙齿缝里的脏东西，简称牙屎。

我问老同学骆驼，这个词到底是啥意思呢？因为我们平时都很少把它放到句子里去用，甚至只是把它当感叹词。比如有人说了一件很不靠谱的事情，我们就会感叹：牙巴屎屎！！大概的意思是，乱说哦！胡扯哦！无稽之谈哦！骆驼说，如果按这个方向去推理一下，那就是牙慧的意思，抠别人的牙巴屎屎，就是拾人牙慧，再来点曲解，那就是在胡说八道，就是拿别人牙齿里的肉渣来炫耀，而且还是变了质的。哟，恶心死了。

钱锺书老师鄙视说话时在中文里夹洋文的留洋陋习，也是用的牙中肉渣来比喻。从前碰到这类人，广告圈里很多，我会骂他是假洋鬼子，但不够过瘾，现在我就会骂他，牙巴屎屎！！

xi ju

喜剧

有的人长得像《变相怪杰》，
有的人打扮得像《神探飞机头》，
有的人说话像《冒牌天神》，
有的兄弟像是《亚飞和亚基》，
有的家庭总有《花田囍事》，
有的公司总在《东成西就》，
有的学校全是《逃学威龙》，
有的恋爱说好《不见不散》，
有的人用一生去做一个《喜剧之王》，
人生就是一个舞台，
从来不乏喜剧演员，
每天都有喜剧上演。

喜剧，在重庆话里是个形容词。

gui hua tao fu
鬼画桃符

这四个字从小就耳熟能详。在墙壁上乱写乱画，在家具上即兴涂鸦之后，总会被大人骂道：一天只晓得鬼画桃符！会写字后，把这四个字写了出来，才发现真是有意思的说法。鬼来画桃符，真可谓是世界上最乱来的作品了。

小时候，婆婆去买菜之前，都会摆张小凳子在门口，给我几张白纸几支铅笔，就走了。两三个小时后，婆婆买菜回来，孙子一定还是坐在凳子前，满纸都是攻城打仗的小人儿，那是我小时候最喜欢画的题材。婆婆很满意，说带我从来不操心，给张纸笔就固定在那里了。画这本书的整个过程，感觉就像坐在家门口的凳子上，在自己的世界里自顾自地鬼画桃符，快乐地等着婆婆回来。

能坚持着一直鬼画桃符下去，要特别感谢胡晓江，国内一流的插图师，是他一直鼓励着我，与我分享作品和心得，拓宽我的视野，让我得益匪浅。也要感谢网络，让朋友们能看到我的画，每个回应都是不吝的认同，让我有热情一直鬼画桃符下去。还要感谢九月九文化传播公司，他们发现了我和这个文本。感谢钢笔老师、铅笔老师、聂老师、梁老师，没有你们，就没有这本书的诞生。

画完这本书，我也更清楚，要能画出自己理想的作品，还要下好多好多的功夫。我现在所习得的，只是皮毛的皮毛而已。希望自己能够永远保持这鬼画桃符的快乐心态，一直画下去。婆婆给了我一张小凳子，我是不可以丢开画笔走开的。

是为后记。

附录：重庆方言集萃

啷个	怎么。如：你啷个啦？就是：你怎么啦？
要得	这个词用途极宽泛，如有人喊你打牌，你说"要得"就表示你要去。如有人问你这件事办得好不好，你回答说：要得。等于你说很好。有人求你帮忙，你说"要得"，就表明你答应了人家的请求。
先人板板	多指祖宗，且多用于较粗俗的语境中。
霉起锅巴灰	运气差到极限叫霉起锅巴灰。
走了狗屎运	运气好到极点叫走了狗屎运。
打滚	有耍赖的意思在里面，但也有泼皮耍横的意思在里面。如赖账可称作"打滚"，"打滚青年"就指混混流氓一类人物。
墩笃	形容词，一般指长得高大、魁梧的男人。
戳笨	把某件事情做砸、某句话说错，都可以称作"戳笨"。
悬吊吊	提心吊胆可以称作"悬吊吊"；办事不牢靠也可叫"悬吊吊"，如"心悬吊吊的""做点事情悬吊吊的"。
心欠欠	相当于北方话里的"心里痒痒的"，指心里有事放不下。
搭飞白	出于未知的原因而去抢别人的话头，和不认识的人接话。

梭边边   遇事开溜，胆小怕事，都可以称作"梭边边"。

拱过来   意为"挤"。这个词来源于猪在猪圈里拱来拱去，带有一丝调侃的意味。

麻麻鱼   糊弄、蒙混过去，含有哄骗的意思。如张三去饭店吃了三斤鱼，结账时饭店按四斤鱼收钱，张三就可以对老板说："想吃我的麻麻鱼哦？"

不捞老   不动了。电扇坏了，叶片不捞老。

收秤   指事情或活动结束了、完成了。晚上九点了你去菜市场买菜，菜贩子给你说："今天收秤了，明天再来嘛。"

刹一脚   重庆的中巴车上经常有人喊："师傅，刹一脚。"刹一脚的意思就是停车、停一下。

灯晃   整天游手好闲不做正事，有比喻的意思，像油灯苗一样晃来晃去。

臊皮   臊，就是害臊；皮，就是脸皮、脸面。合在一起，就是脸皮害臊；引申开来，凡是干了让脸皮害臊的事、出丑的事，重庆话都叫作"臊皮"。比如老张过生日，大女婿送了贵重礼物，二女婿提了包白糖就去了，当场臊皮惨了。

理麻	原意是指"清理乱麻"，在重庆话里是指找别人的麻烦或者追究的意思。通常是某人犯错之后被批评了，另一个人问："你遭理麻了？"
稀得好	幸好，有庆幸的意思。比如"那只股票跌惨了，稀得好我没买"。
豆是	就是，对。"就"，重庆人读"豆"。
爪子	不是动物的爪子，而是含有疑问的词，意为"干什么""做什么"。"爪"是"啥"的转音。
空搞灯儿	没有结果的努力。如某某说："你不要空搞灯儿了。"
正南齐北	负责任地说话，认真地说。如"给你说张学友要来开演唱会，哎呀，正南齐北的！"
对头	比如甲说："今天重庆队先赢后平打得不好。"乙回答："对头！"意思是：对的，正确。
矮爬爬	物体、身体矮小，有时特指微型轿车。
幺儿	对爱人、孩子、猫、狗等自己喜欢的人和物的亲昵称呼。比如某位母亲对儿子说："幺儿，来吃蛋糕。"

出版后记

这本书的来历，还要从十几年前说起。

2005 年，作为重庆人的作者蜂窝煤在上海工作，因为担心自己的孩子以后不会说重庆话，他开始为未来的小煤球或小桃子编写这本重庆方言教材。

一个方言词汇，一幅插图，一篇解读，这些文本陆续发表在博客上。每次发帖，都有很多读者来抢"沙发"、抢"板凳"，纷纷留言讨论。就这样，积累下来90多个方言词条的内容，并在2008年由新星出版社出版发行。

不同于之前正经的方言词典类图书，这本书的插图风格鲜明，解读独具特色。这些方言，不止是词条本身，也装着一个重庆崽儿的生活经历。在防空洞里体验到"黑黢麻恐"、冬天在澡堂子里"搓痂痂"、看爸爸和爷爷"扳牙巴劲儿"……这些个人化的经验叙事，让这些方言词汇从释义、例句的惯例中走出来，融进一个生活场景、一段人生故事。

《重庆语文》出版后，不仅在巴蜀地区大受欢迎，也成为其他地区读者了解重庆方言、四川方言的很好途径。

川渝方言因为其独特的表现力，频频出现在影视、广播等节目中，越来越多的人了解、喜爱重庆话和四川话。恰巧，《重庆语文》也再一次走到大家的视野中，因此，我们联系到作者，将本书再版。

此次再版，增添了"称欢、下课、晕、操哥、小面、风兜、栽贼"7

个词条，删去了"肉叽叽、胀痛、踏血、勾子黑、医闷鸡、大套、骚棒、哦~祸"8个词条。这样，全书仍然保有94个词条，并按照主题重新整理编排，分成"重庆脾气——干燥""重庆名堂——小面、棒棒儿、丁丁猫儿""重庆崽儿——太千翻儿""重庆江湖——搁得平""重庆生活——喜剧"5个部分。

另外，13年后的今天，有声书普及，因此我们也做了有声书，随书附赠，让读者不仅能看到，也能听到方言，从而拥有更加立体的感受。阅读完本书后，读者还可以根据附赠的《重庆语文四级试卷》来检测自己的重庆方言等级。

希望我们这次所做的改动，能够帮助您更好地感受重庆方言的魅力。

后浪出版公司

2021 年 5 月